Im Windschatten der Apartheid

Eckenstein-Studien

Entwicklungspolitische Publikationen, unterstützt von der Christoph Eckenstein-Stiftung für das Studium der Beziehungen zur Dritten Welt, 24, rue Rothschild, 1202 Genève.

Bisher sind im Limmat Verlag erschienen:

Marianne Dünki, *Ins Feld, in die Freiheit gezogen*. Gespräche mit Entwicklungshelfern. Ein Bericht.

René Holenstein, *Das erste Opfer ist die Wahrheit*. So informiert die Schweizer Presse über Zentralamerika. Mit einer Rede von Ernesto Cardenal.

Simone Prodolliet, *Wider die Schamlosigkeit und das Elend der heidnischen Weiber*. Die Basler Frauenmission und der Export des europäischen Frauenideals in die Kolonien.

Tobias Bauer, Greg J. Crough, Elias Davidsson, Frank Garbely, Peter Indermaur, Lukas Vogel, *Silbersonne am Horizont. ALUSUISSE – Eine Schweizer Kolonialgeschichte*. Vorwort von Toya Maissen.

Renée Roux, Linda Stibler, Ginevra Signer,
Barbara Weyermann, Markus Mugglin, Lukas Vogel

Im Windschatten der Apartheid

*Schweizer Firmen und schwarze
Arbeiterschaft in Südafrika*

Limmat Verlag Genossenschaft
Zürich

Diese Arbeit erscheint dank finanzieller Unterstützung der Christoph-Eckenstein-Stiftung, Genf.

Weitere finanzielle Beiträge leisteten: Solidaritätsfonds für den sozialen Befreiungskampf in der dritten Welt (Solifonds), Gewerkschaft Bau + Holz (GBH), Gewerkschaft Druck und Papier (GDP), Gewerkschaft Textil Chemie Papier (GTCP), Gewerkschaft Verkauf Handel Transport Lebensmittel (VHTL), Schweizerischer Metall- und Uhrenarbeitnehmer Verband (SMUV), Schweizer Syndikat Medienschaffender (SSM), Verband des Personals öffentlicher Dienste (VPOD).
Ihnen allen sei an dieser Stelle für die Unterstützung gedankt.

Umschlagfoto von Lesley Lawson. Aus: *Working Women. A Portrait of South Africa's Black Women Workers*, text and photographs by Lesley Lawson, a Sached Trust/Ravan Press Publication, Johannesburg, 1985.

Noch ein Buch über Apartheid!

Apartheid ist unerträglich, unerträglich für die Menschen, die darunter leiden, unerträglich und ein Armutszeugnis für die übrige Welt. Nicht dass es Rassismus, Gewalt und Menschenrechtsverletzungen nicht auch in andern Ländern gäbe. Südafrika ist aber dennoch eine Ausnahmeerscheinung. Nirgendwo gibt es diese systematische und gesetzlich festgeschriebene, kalte Ausgrenzung aufgrund verschiedener Hautfarbe, mit der die Menschen in Südafrika täglich und stündlich konfrontiert sind. Apartheid ist für die Schwarzen unerträglich, aber auch für viele Weisse. Das Leben ist für alle ein Leben hinter Gittern und Mauern. Die internationale Kritik lastet auf diesem Land. Das spürt man, wenn weisse Südafrikaner von Reisenden immer wieder und beinahe flehend die Bestätigung erhalten wollen, dass doch «alles nicht so schlimm sei», wie es in unseren Medien stehe.

Über Apartheid wurde viel geschrieben. Es ist nicht Aufgabe dieses Buches, alle Hintergründe über Apartheid auszuleuchten. Anderswo finden sich genügend Informationen darüber. Vielmehr geht es um einen handfesten und praktischen Ansatz: In einer Demokratie europäischer Prägung – also auch in der Schweiz – wäre Apartheid nicht möglich, auch wenn die Schweiz und die Schweizer Bevölkerung – wie jüngste Beispiele zeigen – vor Rassismus nicht gefeit sind. Noch immer aber ist es die Schweiz – das heisst Teile der Schweizer Wirtschaft, viele Schweizer Banken und die privaten Bewunderer des südafrikanischen Herrenvolkes –, die in Südafrika investiert, die Darlehen gewährt, Schulden stundet und damit indirekt dieses Herrschaftssystem stützt.

Die Schweizer Unternehmer beteuern, dass sie sich mit ihrem finanziellen Engagement in Südafrika für Veränderungen einsetzen. Sie sehen sich vielfach sogar als bahnbrechend in Rassenfragen. Sie verhielten sich zwar «als Gäste in einem fremden Land bezüglich innenpolitischer Fragen strikt neutral», schrieb der mit den in Südafrika tätigen Unternehmerkreisen eng vertraute Journalist Hansjürg Saager vor Jahren in der «Basler Zeitung» (26. Juli 1985). Dennoch hätten sie, so Saager weiter, «in den Siebzigerjahren, als es in Südafrika darum ging, gleiche Arbeitsbedingungen für Schwarz und Weiss zu schaffen, als Bahnbrecher» gewirkt. Schon damals, betonte der 1986 nach sechs Jahren Managertätigkeit bei der Ciba-Geigy in Südafrika zurückgekehrte René Robert Krähenbühl gegenüber der «Basler Zeitung», habe man bei den südafrikanischen Niederlassungen des Chemie-Multis nichts von Apartheid gespürt: «Wir kannten keine Unterschiede am Arbeitsplatz, in den Pausen oder bei den Salär- und Sozialregelungen. Die Arbeitsplätze wurden unabhängig von Hautfarbe oder Geschlecht eingestuft und entsprechende Ansätze bezahlt.»

Auch die 1988 von F. Thöni publizierte Dissertation über «die sozio-politischen Strategien von schweizerischen, multinationalen Industrieunternehmungen in Südafrika» attestiert zumindest einigen Niederlassungen, dass sie in den letzten Jahren flexibel auf die neuen Herausforderungen in den Bereichen gewerkschaftliche Beziehungen, Ausbildung, Wohnraumbeschaffung und betriebliche Sozialarbeit reagiert hätten.

Gar euphorisch urteilte Bettina S. Hürni in ihrer 1983 von der «Wirtschaftsförderung» herausgegebenen Broschüre mit dem Titel «Schweizer transnationale Gesellschaften in Südafrika». Sie hätten, so die Autorin, gute Gründe, «auf das Erreichte und ihr soziales Engagement stolz zu sein».

Solche positiven Darstellungen wurden aus kritischer Sicht «von unten» seit bald zwei Jahrzehnten nie mehr umfassend überprüft. Damals hatte das «Centre Europe-Tiers Monde» (CETIM) eine umfangreiche Studie über die Unternehmenspolitik schweizerischer Niederlassungen im Apartheid-Staat herausgebracht, die ein wenig schmeichelhaftes Ergebnis präsentierte.

Seither gab es breiter angelegte Analysen nur über die Finanzbeziehungen zwischen der Schweiz und Südafrika, die exponierte Stellung der Schweizer Grossbanken im Geschäft mit dem Apartheid-Staat oder über die sich seit Mitte der 80er Jahre stark intensivierten Handelsbeziehungen – alles Bereiche, in denen die

Schweizer Bankgeschäfte mit Südafrika

Am UNO-Hearing zur Rolle der Transnationalen Banken in Südafrika bezeichnete der Referent John Lind die Schweizer Banken als «Sauerstoffzelt für die Apartheid». Ihrem finanziellen Beistand ist es entscheidend anzulasten, dass das Apartheidregime trotz der Krisen in den 70er und vor allem in den 80er Jahren bis heute überlebt hat:

1976/77	Nach dem Aufstand von Soweto, als andere ausländische Banken sich zurückhalten, verdoppeln die Schweizer Banken ihre Kreditsumme.
1983–1985	Aus wirtschaftlichen und politischen Gründen erhalten südafrikanische Schuldner kaum noch langfristige Darlehen. Die Schweizer Banken stocken die kurzfristigen Kredite auf. 1985 erreicht der schweizerische Anteil an der Veschuldung des südafrikanischen Bankensektors den Rekordstand von 31,7 Prozent.
1985	Südafrika erklärt sich für zahlungsunfähig. Die Schweizer Banken stellen mit Fritz Leutwiler den Vermittler, der mit den Gläubigerbanken ein für Südafrika günstiges Umschuldungsabkommen aushandelt.
ab 1986	Weil die ausländischen Gelder nun grösstenteils ausbleiben, hat Südafrika Schwierigkeiten, den Schuldenrückzahlungsforderungen nachzukommen. Einmal mehr stellen die Schweizer Banken die dringend benötigte Liquidität zur Verfügung. Zwar reduzieren sie die in der offiziellen Statistik aufgeführten Kredite von 4,5 Mrd. Franken 1984 auf 2,1 Mrd. Franken 1988.
	Zusätzlich fliessen aber nach Schätzungen der UNO rund 2 Mrd. Franken mittels neuer, nicht öffentlich ausgewiesener Kreditformen (Gold swaps und Gold loans) ans Kap. Damit nehmen die Schweizer Banken hinter den britischen den zweiten Platz als Geldgeber für Apartheid-Südafrika ein.
1988/89	Ende 1988 gelingt es einem Bankenkonsortium, eine Privatanleihe für den südafrikanischen Staat zu plazieren. Das einzige dabei benannte Institut ist die Schweizeriche Volksbank. Im Januar 1989 erneuert die Schweizerische Bankgesellschaft eine zweite Anleihe. Damit durchbrechen die Schweizer Banken das internationale Tabu – Südafrika war seit 1985 vom öffentlichen Kapitalmarkt ausgeschlossen – und setzen ein politisches Signal: Bei einigen Banken hat Südafrika seine Respektabilität als Schuldner zurückgewonnen.
1989	Die Schweizerische Bankgesellschaft, der Schweizerische Bankverein und die Schweizerische Kreditanstalt sind drei von 14 Mitgliedern des Bankenkomitees, welches bereits acht Monate vor Ablauf des alten Umschuldungsabkommens im

Juni 1990 den Abschluss eines neuen, eher noch günstigeren bekannt gibt. An ihre Unterschrift haben die Banken nicht – wie dies der südafrikanische Widerstand und die internationale Anti-Apartheid-Bewegung verlangte – die Forderung nach echten politischen Zugeständnissen geknüpft.

1990/91 Neben der im Abkommen geregelten Schuldentilgung stehen 1990/91 mindestens 26 Anleihen des staatlichen und parastaatlichen Sektors zur Rückzahlung an. Südafrika wird alles daran setzen, diese langfristigen Darlehen zu erneuern, da der Staat nach wie vor in einer finanziellen Krise steckt. Ob die «Roll-overs» gelingen, bestimmen die Schweizer Banken wesentlich mit: Bei 17 Anleihen figurieren sie unter den Managerbanken. Das ist zugleich ein Hinweis auf die zentrale Rolle, die sie zwischen 1980 und 1985, als diese Anleihen plaziert wurden, bei der Finanzierung des staatlichen Sektors gespielt haben.

Diese apartheidfreundliche Kreditpolitik lässt sich mit dem Interesse der Schweizerischen Bankgesellschaft, der Schweizerischen Kreditanstalt und des Schweizerischen Bankvereins am Gold erklären: Der Goldhandel ist ein wichtiger Pfeiler ihres Geschäftes. Sie vermarkten den grössten Teil des südafrikanischen Goldes – Schätzungen bewegen sich zwischen 60 und 80 Prozent – und verschaffen Südafrika damit jährlich zusätzliche Devisen für mindestens 6 Mrd. Franken. Die Position der Schweizer Banken unter den Abnehmern des südafrikanischen Goldes ist aber nicht einfach sicher. Zusammen mit Londoner und letzthin vermehrt auch fernöstlichen Instituten buhlen sie immer wieder neu um die Gunst des südafrikanischen Staates, der das Gold für die Minen kommerzialisiert. Die Kreditvergabe ist dabei ein sicherer Trumpf.

Schweizer Wirtschaft eine für das Überleben der Apartheid-Wirtschaft äusserst wichtige Funktion wahrnimmt (vgl. dazu die Kästen über «Schweizer Bankgeschäfte mit Südafrika» und «Schweizer Warenhandel mit Südafrika»).

Bei den Direktinvestitionen scheint die Schweiz eine weniger bedeutende Rolle zu spielen. Unter allen ausländischen Direktinvestoren steht unser Land mit einem Anteil von fünf Prozent hinter Grossbritannien, den USA, der Bundesrepublik Deutschland und Frankreich zwar immerhin an fünfter Stelle. Wir haben 46 Firmen gezählt, an denen schweizerisches Kapital wesentlich beteiligt ist. Davon unterhalten elf industrielle Produktionsbetriebe in Südafrika und beschäftigen rund 17 000 Arbeiterinnen und Arbeiter, was 0,16 Prozent der wirtschaftlich aktiven Bevölkerung oder 4,3 Prozent der südafrikanischen Arbeiterinnen und Arbeiter, die für ausländische Unternehmen arbeiten, ausmacht.

Diese Zahlen mögen wenig beeindrucken. Doch gilt es zu beachten, dass mehrere schweizerische Gesellschaften eine führende Marktstellung einnehmen und für die nationale Wirtschaft strategische Bedeutung haben. Anglo-Alpha und Everite gehören zu den grössten Baustoffproduzenten des Landes; Schindler ist die zweitgrösste Firma in der Liftindustrie; ABB/BBC ist an der Installation von Kraftwerken beteiligt und stellt die Wasser- und Stromnetze für die meisten Gemeindebehörden her; Sulzer Brothers deckt mehr als 50 Prozent des Textilmaschinenmarktes und annähernd 80 Prozent des Maschinenpumpenmarktes ab; Roche Products ist marktführend in der Vitaminsparte; Luwa South Africa beherrscht 90 Prozent des Marktes für Klima- und Lüftungstechnik in der Textilindustrie; Alusaf betreibt die einzige Aluminiumschmelzerei; Ciba-Geigy ist die Nummer zwei im Agrobereich und ausserdem grösste Pharmazeutika-Lieferantin der südafrikanischen Armee.

Es ist eines der Ziele dieses von der Stiftung «Solifonds» angeregten Buches, die zumeist positiven Darstellungen über schweizerisch kontrollierte Produktionsbetriebe in Südafrika zu überprüfen. Wie benehmen sich die Schweizerfirmen, ihre Tochtergesellschaften oder Zweigniederlassungen gegenüber ihren nicht-weissen Angestellten und gegenüber den Gewerkschaften? Nützen sie die diskriminierenden Gesetze, die darauf abzielen, die afrikanischen Arbeitskräfte auszubeuten ohne soziale Verantwortung zu übernehmen, aus? Verhalten sie sich gegenüber Arbeitnehmern mindestens so, wie das hierzulande üblich ist? Wir haben eine Untersuchung in Auftrag gegeben, die die Beziehungen der Schweizer Firmen respektive ihrer Niederlassungen zu den unabhängigen Gewerkschaften zum Inhalt hat. Die südafrikanische Soziologin Renée Roux (sie arbeitet unter anderem beim «South African Labour Bulletin» mit) hat diese Untersuchung 1989 anhand von detaillierten Fragebogen in sämtlichen COSATU-Gewerkschaften, die von den betreffenden Schweizer Firmen als Verhandlungspartner anerkannt sind, gemacht. Sie kam dabei zum Schluss, dass die Zweigniederlassungen und Tochterunter-

Schweizer Warenhandel mit Südafrika

«Wer nicht exportiert, kann nicht importieren. Und wenn Sie in Betracht ziehen, dass rund 40 Prozent des Bruttosozialproduktes aus dem Export stammt und damit mehr als ein Drittel dessen, was Südafrika tut, durch internationale Verkäufe bestimmt ist, wird Ihnen klar, wie wichtig der Export für uns ist», erklärte der Direktor der südafrikanischen Handelsförderungsorganisation Wim Holtes Mitte der achtziger Jahre.

Das mit Abstand wichtigste Exportgut ist Gold. Es erzielt rund 40 Prozent der Einnahmen. Würdem die 300 oder mehr Tonnen, welche die Schweizer Banken für Südafrika kommerzialisieren, in der Statistik erscheinen, wäre die Schweiz mit Abstand Südafrikas grösste Handelspartnerin. Ohne Gold stand sie 1987 an 16. Stelle.

Zwischen 1986 und 1989 stiegen die Importe aus Südafrika von 154 Mio. Fr. auf 1178 Mio. Fr. oder um 763 Prozent an. Diese Zunahme ist hauptsächlich mit der enormen Steigerung der Diamanteneinfuhren zu erklären. Während 1986 ihr Importwert noch 1,7 Mio. Fr. betrug, waren es 1989 bereits 890 Mio. Fr.

Aus Südafrika stammten zwar nur elf Prozent der weltweiten Diamantenproduktion. Doch die südafrikanische De Beers vermarktet rund 85 Prozent aller Diamanten. Dieser südafrikanische Minenkonzern hat mehr und mehr seiner Aktivitäten in die Schweiz verlagert. Der Hauptsitz des vom Unternehmen kontrollierten Diamantenkartells namens CSO (Central Selling Organization) befindet sich zwar in London, doch seit 1987 tätigt das Unternehmen immer mehr Geschäfte über die in Luzern domizilierten De-Beers-Firmen Diamond Trading Company und CSO Valuations. Und im Frühjahr 1990 hat der Minenkonzern seine Übersiedlung in die Schweiz angekündigt: Jetzt soll die De Beers Centenary AG in Luzern das gesamte nicht-südafrikanische Geschäft verwalten.

Auffälligerweise änderte De Beers seine Geschäftspolitik just nachdem 1986 immer mehr EG-Länder Sanktionen gegen Südafrika beschlossen. Ein weiterer wichtiger Grund sind aber vermutlich die Anti-Trust-Bestimmungen der EG. Das britische Kartellamt leitete eine Untersuchung der Geschäftspraktiken von De Beers ein. In den USA kann De Beers wegen solchen Gesetzen bereits keinen Geschäften mehr nachgehen. Schliesslich stellt sich die Frage, ob der Konzern wegen der Aussicht einer schwarzen Mehrheitsregierung aus politischen Gründen den Auszug aus Südafrika wählt.

Neben Gold und Diamanten ist auch Platin ein wichtiger Importposten. 1989 wurden 4556 kg für 108 Mio. Fr. eingeführt. Platin ist Südafrikas zweitwichtigstes Exportgut. An dritter Stelle steht Kohle. Die Schweiz steigerte den Kohleimport von 122 345 Tonnen 1985 auf 253 823 Tonnen 1989. Während 1985 der südafrikanische Anteil an der Kohleeinfuhr noch 25,8 Prozent betrug, waren es 1988 schon 88 Prozent.

Beim Import von landwirtschaftlichen Produkten – 1989 wurden für

47,25 Mio. Fr. frische und konservierte Früchte eingeführt – figuriert die Schweiz unter den ersten zehn Ländern.

Zwar sind die schweizerischen Einfuhrmengen vergleichsweise gering. Die mit Sanktionen belegten Industriezweige versuchen jedoch mit allen Mitteln, neue Märkte zu erschliessen und bestehende Absatzgebiete auszubauen. Die Schweizer Mehrimporte, zum Beispiel von Kohle, kommen deshalb diesen Bemühungen, die Sanktionen zu unterlaufen, sehr entgegen.

Unter den Exporteuren von Waren nach Südafrika nimmt die Schweiz den zehnten Platz ein. Im Vordergrund stehen Erzeugnisse der Chemischen Industrie, der Maschinenindustrie sowie elektrische und elektronische Produkte. Diese Exporte stehen in engem Zusammenhang mit der Produktion der Schweizer Betriebe in Südafrika.

nehmen schweizerischer Konzerne nicht so vorbildlich sind, wie sie sich selbst gerne sehen. Es gibt Unterschiede; es gibt bessere, auch beschämend schlechte Beispiele.

Die Untersuchung beschränkt sich auf die dem COSATU-Gewerkschaftsbund angeschlossenen Gewerkschaften. Diese Auswahl wurde vor allem aus Gründen der Vereinfachung und nicht zuletzt wegen der knappen finanziellen Mittel getroffen. Sie lässt sich unseres Erachtens vertreten, weil COSATU der grösste unabhängige Gewerkschaftsbund Südafrikas mit den meisten Mitgliedern ist und in den gesamtarbeitsvertraglichen Verhandlungen den Ton angibt. Das darf aber nicht als Abwertung der kleineren unabhängigen Gewerkschaften – insbesondere des NACTU-Gewerkschaftsbundes – interpretiert werden.

Im Frühjahr 1989 reisten Ginevra Signer vom Solifonds und die Journalistin Linda Stibler nach Südafrika. Sie folgten dem in Südafrika selbst entstandenen Untersuchungsbericht und machten zahlreiche Interviews mit Gewerkschafterinnen und Gewerkschaftern in den Regionen Johannesburg, Kapstadt und Durban. Diese Interviews waren zusammen mit dem Untersuchungsbericht die Grundlage der Reportagen von Linda Stibler, die unter dem Titel «Begegnungen vor den Fabriktoren» den Hauptteil des Buches ausmachen. In diesem Teil sind viele Informationen über das Wesen, die Entstehungsgeschichte und das Funktionieren der Apartheid mitverwoben. Ihnen zugeordnet sind Firmenporträts im zweiten Kapitel («Die Schweizer Firmen von A bis W»), die Barbara Weyermann vor allem auf der Grundlage der in Südafrika erarbeiteten Studie verfasst hat. Zum zweiten Kapitel gehört schliesslich eine zusammenfassende Darstellung der Studienergebnisse von Renée Roux.

Die übrigen Beiträge des Buches wollen Zusammenhänge aufzeigen, die für das Verständnis der Beziehungen zwischen Unternehmern und Gewerkschaften von Bedeutung sind: Markus Mugglin zeichnet das Entstehen und die Entwicklung der neuen Gewerkschaften, der in den letzten Jahren vom Ausland gewachsene Druck auf Südafrika und die dort ansässigen Betriebe sowie die politischen und wirtschaftlichen Vorstellungen der verschiedenen Kräfte und Bewegungen in Südafrika. Schliesslich gibt eine Zusammenstellung einen Überblick über die südafrikanische Gewerkschaftsbewegung, die von Ginevra Signer verfasst wurde.

Zwangsläufig ist in diesem Buch immer wieder von «Weissen» und «Schwarzen» oder «Afrikanern», von «Farbigen», «Indern» und «Asiaten» die Rede. Die gesetzlich verankerte Rassentrennung, die den Alltag und die Gegensätze in dieser Gesellschaft so sehr prägen, machen es unmöglich, solche Begriffe zu umgehen, auch wenn sie aufgrund der offiziellen Politik vielfach als diskriminierend verstanden werden. Denn zu dieser Politik gehört es gerade, dass die Angehörigen der verschiedenen Rassengruppen unterschiedlicher Behandlung unterworfen sind, die zu beschreiben ohne Rückgriff auf die vom Apartheid-Staat verwendeten Bezeichnungen nicht möglich ist. Wenn wir also zum Teil die offiziell geltenden Begriffe verwenden, so möchten wir nicht dahingehend missverstanden werden, dass wir diese Einteilung gutheissen.

Es war nicht einfach, das Vertrauen der südafrikanischen Gewerkschafterinnen und Gewerkschafter zu gewinnen. In einem Staate, der mit Willkürgesetzen die Leute zum Schweigen und Dulden verurteilt, ist ihr Misstrauen mehr als verständlich. Aus Schutzgründen haben wir alle Namen unserer Informanten geändert; ihre wirkliche Identität kann aber belegt werden. Mit ihrem vollen Namen erscheinen nur die Hauptverantwortlichen des COSATU-Gewerkschaftsbundes, die nicht in Betrieben arbeiten.

Auch presserechtlich ist es schwierig, sich in diesem Land zu informieren. Die freie Presse wird behindert. Danach ist es in- und ausländischen Journalisten verboten, Nachrichten zu verbreiten, die dem Land Südafrika schaden könnten. Das Interpretationsfeld ist selbstredend gross. Wir haben es daher vermieden, mit Regierungsstellen und auch mit den Verantwortlichen der Firmen in direkten Kontakt zu treten, um unsere Arbeit nicht zu gefährden. Wir sind uns des Mangels durchaus bewusst: Das Buch ist ein einseitiges Buch. Es ist aus der Sicht der kämpfenden Gewerkschafterinnen und Gewerkschafter geschrieben. Das lässt sich aber verantworten, denn die Sicht derjenigen, die mit Südafrika wirtschaftliche Beziehungen unterhalten, kommt in unseren Medien im Übergewicht zur Geltung.

Seit unserer Südafrika-Reise hat die Regierung gewechselt. Öffnung ist angesagt und offiziell hat der neue Präsident Frederik Willem de Klerk eine Abkehr von der Apartheid angekündigt. Im Februar 1990 hat er die grosse Symbolfigur des schwarzen Widerstandes, Nelson Mandela, nach mehr als 27 Jahren Haft aus dem Gefängnis entlassen, sowie zahlreiche Anti-Apartheid-Organisationen wie den African National Congress (ANC), den Pan Africanist Congress (PAC) und andere wieder zugelassen. Im April haben der ANC und die Regierung Gespräche aufgenommen. Ein Prozess wurde eingeleitet, der lange Zeit undenkbar schien.

Das Ende der Apartheid mag damit nähergerückt sein, ist aber noch nicht durchgesetzt. Die südafrikanische Wirklichkeit hat sich (noch) nicht grundlegend geändert. Die Schwarzen sind noch immer ohne demokratische Rechte, die Kräfte der Repression noch nicht besiegt. Und sollten die politischen Rechte auch schon bald allen Südafrikanerinnen und Südafrikanern unabhängig von ihrer Hautfarbe vollumfänglich gewährt werden, so wäre damit der Kampf für sozialen Ausgleich zwischen den Rassen noch nicht gewonnen. Die Gewerkschaften werden auch dann noch eine wichtige Funktion erfüllen, sie werden weiterhin bei den Unternehmern, auch schweizerischen, ihre Ansprüche geltend machen, für die Rechte der unterprivilegierten schwarzen Arbeiterschaft kämpfen.

Dieses Buch richtet sich vor allem auch an aktive Gewerkschafterinnen und Gewerkschafter. Ihnen soll es die nötigen Direktinformationen über die Gewerkschaftsbewegung in Südafrika und über

15

die Beziehungen zu den dort tätigen Schweizer Firmen geben. Wir wollen die Gewerkschafterinnen und Gewerkschafter in der Schweiz ermutigen, ihre südafrikanischen Kolleginnen und Kollegen bei der Überwindung der Apartheid und dem Aufbau einer gerechten Nach-Apartheid-Gesellschaft zu unterstützen.

Begegnungen vor den Fabriktoren
Linda Stibler

Bei den Chemiearbeitern

Das Büro der Chemiearbeitergewerkschaft CWIU befindet sich in einem Industrievorort von Johannesburg. Es ist eine ärmliche Gegend, die dennoch wohltuend zur Beton-Skyline der City kontrastiert: Die Häuser sind hier nur ein- bis zweistöckig. Sie beherbergen Lagerräume, Handwerksbuden; es gibt ein paar wenige Verkaufsgeschäfte und eine Imbissecke. In einem älteren U-förmigen Gebäude mit Innenhof sind die Räume der Gewerkschaft untergebracht. Überall hängen Plakate mit Parolen und Forderungen, die von den gewerkschaftlichen Aktivitäten zeugen. Im hinteren Teil des Gebäudes befindet sich ein geräumiges Versammlungslokal. Die eigentlichen Büros im vorderen Teil des Hauses sind äusserst bescheiden und klein. Die Arbeit der Sekretäre und Vertrauensleute ist durch die engen Raumverhältnisse erschwert. Trotzdem sind die Kollegen stolz auf diesen Treffpunkt. Es ist das einzige Gewerkschaftslokal des COSATU-Gewerkschaftbundes, das bisher nie angegriffen oder ausgebombt wurde.

Bombenanschläge auf Gewerkschaftszentralen sind hier an der Tagesordnung. Nicht selten werden die Büros geplündert oder die Einrichtungen zerstört. Manchmal gibt es Tote. Während unseres Südafrika-Aufenthaltes ist zum Beispiel bei einem Angriff auf ein Büro der Lebensmittelgewerkschaft FAWU in der Nähe von Kapstadt ein Gewerkschaftssekretär getötet worden. Derartige Übergriffe werden kaum je aufgeklärt, und so bleibt auch im Dunkeln, wer die Täter sind. Man vermutet rechtsextreme und paramilitärisch organisierte Banden, die, wie Enthüllungen ehemaliger hoher Polizeifunktionäre zeigen, oft direkt von der Polizei kommandiert werden. Die Öffentlichkeit und die Presse nimmt von diesen

Überfällen kaum Notiz. Sie gehören zum Alltag und zum Risiko aktiver Gewerkschafterinnen und Gewerkschafter. Sogar die Verwandten des Ermordeten, die wir am Tag nach dem entsetzlichen Ereignis besuchten, schienen es als unausweichliches Schicksal hinzunehmen.

Vor Überfällen sind diejenigen Gewerkschaften besser geschützt, die viele Mitglieder haben. Kein Zweifel, die Chemiearbeiter sind gut organisiert. Sie haben in den letzten Jahren kontinuierliche Arbeit geleistet und können einige Erfolge vorweisen. Die Chemiearbeiter sind – ähnlich wie in anderen industrialisierten Ländern – auch in Südafrika relativ gut gestellt. Ciba-Geigy bezahlt zwar im Vergleich zu anderen Betrieben der Chemie- und Petrochemiebranche keine Spitzenlöhne. Immerhin bewegt sich das Einkommen der schwarzen Arbeiter an der Grenze des von den Gewerkschaften geforderten lebenssichernden Lohns. Das war nicht immer so. Erst in den letzten Jahren sind die Löhne beim Ciba-Geigy-Betrieb in Spartan bei Johannesburg deutlich angestiegen, selbst wenn man die hohen Inflationsraten in diesem Land miteinkalkuliert. Das belegt folgende Aufstellung:

Jahr	Mindestlohn im Spartan-Betrieb
1983	Rand 350
1984	Rand 410
1985	Rand 470
1986	Rand 510
1987	Rand 663
1988	Rand 850
1989	Rand 990

Die Verbesserung ist sicher auf den starken Druck der CWIU zurückzuführen, die bei Ciba-Geigy seit sechs Jahren als Vertragspartner gilt und sich erst nach erheblichem Widerstand der Firma etablieren konnte. In anderen, schlechter organisierten Betrieben auf dem Land oder in Bapsfontein sind die Löhne wesentlich niedriger. Die Gewerkschaft versucht zwar, höhere Löhne durchzusetzen. Für die Betriebe in Spartan und Brits wird zum Beispiel kollektiv verhandelt. Trotzdem sind die Löhne in Brits immer

Gewalttäter und Spitzel – zwei Beispiele

«Zwei uniformierte weisse Männer flüchteten in einem blauen Ford Sierra unmittelbar nach einer Benzin-Bomben-Attacke auf das Haus eines Aktivisten im Township Alexandra.» Ein Zeuge bestätigte, dass beide Männer nach dem Angriff auf die Wohnung von Paul Mashatile, dem Regionalsekretär der United Democratic Front Transvaal und des Alexandra Youth Congresses, flohen. Gestern morgen um vier Uhr wurde sein Schlafzimmer in Brand gesteckt.

Ein anderer Zeuge sagt: «Ich wurde von lauten Tritten geweckt; als ich durch die Gardinen blickte, sah ich zwei uniformierte weisse Männer zum bereitgestellten Wagen rennen.»

Dieser Brandanschlag war einer von drei ähnlichen Attacken, die alle in derselben Stunde des gestrigen Morgens passierten. Drei Krankenschwestern wurden im Alexandra-Gesundheitszentrum auf dieselbe Weise angegriffen, und in Norwood wurde der Wagen der Anwältin Kathy Thatchwell in Brand gesteckt. (...)»

(Diese Meldung erschien am 28. Juli 1989 in der südafrikanischen Wochenzeitung Weekly Mail. Derartigen Meldungen kann man jede Woche in den Zeitungen begegnen; sie sind nicht besonders sensationell aufgemacht.)

*

«Gregory Flatt war ein bekannter Journalist. Er fotografierte als Freischaffender und wurde immer bei politischen Versammlungen und Pressekonferenzen gesehen. Jetzt hielt er selbst eine Pressekonferenz ab und gestand, dass er während der letzten zweieinhalb Jahre ein bezahlter Polizeispitzel war. (...)»

Flatt erzählte unter anderem, wie er das Werkzeug der südafrikanischen Sicherheitspolizei wurde: «1985 verliess er die Schule, ohne das Examen beendet zu haben. Er war aktiv in der Elsie River Youth Organisation und wurde zweimal verhaftet wegen Teilnahme an illegalen Versammlungen, sagte er. Im Verlaufe des Jahres 1986 floh er nach Johannesburg, erwischte dort einen Zug nach Mafikeng und wurde beim illegalen Grenzübertritt nach Botswana verhaftet. Er wollte dort zum Afrikanischen Nationalkongress stossen, der in Botswana Ausbildungslager unterhält. Nach seiner Verhaftung wurde er nach Kapstadt gebracht. Dort wurde er erpresst und gefoltert: ‹Sie drohten mir, mich ohne Anklage weiter gefangen zu halten oder mich anzuklagen wegen Teilnahme an illegalen Versammlungen, öffentlicher Gewalt, illegalem Grenzübertritt, wenn ich nicht in ihren Dienst eintrete. (...)›»

(Dieses Geständnis wurde am 15. September 1989 in der Weekly Mail veröffentlicht. Auch diese Geschichte ist kein Einzelfall. In jüngster Zeit gab es viele derartige Geständnisse von ehemaligen Polizeispitzeln oder Angehörigen der berüchtigten Todesschwadrone, die eng mit der südafrikanischen Polizei zusammenarbeiten.)

niedriger, obwohl die Arbeitsbedingungen im agrochemischen Betrieb – u. a. wegen den langen Arbeitswegen – härter sind. Auch das Arbeitsklima in Bapsfontein und in anderen ländlichen Betrieben ist nicht zu vergleichen mit den Verhältnissen in Spartan. In Bapsfontein gelten die meisten schwarzen Arbeiter als «Saisonniers»; sie wohnen in einem Hostel auf dem Betriebsgelände und dürfen dort abends keine Besuche empfangen. Es ist ihnen verboten, der Gewerkschaft beizutreten. Ciba-Geigy benimmt sich dort überhaupt kein bisschen besser als südafrikanische Betriebe.

In den Gesamtarbeitsverträgen sind neben den Mindestlöhnen auch gewisse Sozialleistungen festgeschrieben. Unter anderem bezahlt Ciba-Geigy auf freiwilliger Basis – denn es gibt keine gesetzlichen Bestimmungen – einen Ausbildungsbeitrag von 100 Rand pro Jahr für ein einziges Kind, das in die Sekundarschule geht, und ebenso einen Ausbildungsbeitrag für ein einziges Kind, das zur Universität geht – allerdings erst ab dem zweiten Universitätsjahr. Die erste Hürde muss also von den Eltern – oder von den Studierenden – selbst genommen werden. Alle anderen Kinder gehen leer aus. Einer unserer Gesprächspartner hat zum Beispiel sechs Kinder, davon gehen fünf zur Schule. Er kann nur für ein Kind die Zulage beziehen. Für jedes Kind, das die Sekundarschule besucht, muss er im Jahr 45 Rand Schulgeld bezahlen. Auch sämtliche Bücher und übrigen Lehrmittel muss er selbst bezahlen. Das übersteigt aber schnell die Möglichkeiten einer südafrikanischen Arbeiterfamilie.

Familien mit Kindern haben es überhaupt schwer. Das hängt nicht nur mit dem ungerechten Ausbildungssystem zusammen, sondern auch mit der Lohnpraxis. Im allgemeinen werden nur sogenannte «Leistungslöhne» bezahlt. Die Löhne sind also nur auf die Arbeitsleistung respektive auf die Funktion ausgerichtet. Verheiratete und Ledige verdienen bei gleicher Arbeit gleichviel. Orts-, Familien- oder gar Kinderzulagen sind unüblich. Da die Aufstiegschancen der schwarzen Arbeiter relativ gering sind, steigen die Löhne auch bei höherem Dienstalter nicht an. Bei vielen Firmen wird höchstens eine einmalige und bescheidene Treueprämie (nach zehn oder zwanzig Arbeitsjahren) ausgerichtet. Ciba-Geigy löst das mit einem Dienstalters-Bonus im Rahmen von zehn Prozent des Monatslohnes für jedes geleistete Dienstjahr bis zum Maximum einer doppelten Lohnzahlung nach zehn Jahren Dienstzeit. Die Firma garantiert hingegen keine festgelegte jährliche Gratifikation: Ciba-Geigy bezahlt zwar auf Jahresende regelmässig einen Bonus aus, betont aber, dass ein solcher nicht Teil ihres Budgets sei. Auf diese Weise behält Ciba-Geigy die Möglichkeit, diesen Bonus im Konfliktfall rückgängig zu machen.

Die Beziehung zu den Gewerkschaften kann für südafrikanische Verhältnisse als normal bis vergleichsweise gut bezeichnet werden, meint ein gewerkschaftlicher Vertrauensmann. (Mit dem im Sommer 1990 kompromisslos bekämpften Streik hat sich die Situation verhärtet.) Die Gewerkschafter werden zumindest in ihrer Arbeit nicht behindert. Es gibt regelmässige Informationstreffen mit der Firma. Den Vertrauensleuten wird dreissig Minuten pro Monat eingeräumt, um ihre Mitglieder während der Arbeitszeit zu informieren. Und ein Shop Steward – das ist ein Vertrauensmann im Betrieb – wird für eine halbe Stunde pro Monat für die Gewerkschaftsarbeit ohne Lohnkürzung freigestellt. Als Gegenleistung muss er allerdings genau Rechenschaft ablegen, wohin er geht und welcher Art seine gewerkschaftliche Tätigkeit ist. So hat die Firma natürlich eine lückenlose Kontrolle über seine gewerkschaftlichen Aktivitäten innerhalb des Betriebes. Von einer echten Partnerschaft zwischen der Unternehmensleitung und den Gewerkschaften kann allerdings keine Rede sein. Wenn die Arbeiter Mitsprache fordern, gibt sich die Firmenleitung sehr zugeknöpft. Sie hat auch ungehalten auf die grosse Kampagne und den Warnstreik gegen das neue Arbeitsgesetz, das die Rechte der Gewerkschaften stark einschränkt, reagiert. Das Ciba-Geigy-Management verschanzt sich einfach hinter den südafrikanischen Gesetzen und wird noch heute nicht müde zu behaupten, dass alle aktuellen Probleme auf die «illegale» Opposition des ANC – des Afrikanischen Nationalkongresses – und die politische Haltung des COSATU zurückzuführen sei!

Pragmatisch geht Ciba-Geigy in Rassenfragen vor. Sicherlich hat es in den letzten Jahren einige Fortschritte gegeben. Besonders stossende Rassenschranken innerhalb des Betriebes sind abgebaut worden: Im Spartan-Betrieb zum Beispiel gibt es zwei Kantinen – eine war weissen und eine andere schwarzen Angestellten und Arbeitern vorbehalten. Früher war die Rassenmischung in beiden Kantinen verboten. Heute steht es jedem Angestellten frei, wo er – oder sie – essen will. Doch im Alltag ist es schwarzen Arbeitern und Arbeiterinnen praktisch unmöglich, in der weissen Kantine zu essen, weil die Preise, gemessen an ihren Löhnen, zu hoch sind. In der Kantine für Schwarze kosteten Mahlzeiten im Frühjahr 1989 48 Rand im Monat, was uns im Vergleich zu Restaurants – auch billigsten Fast-Food-Lokalen – sehr günstig erscheint. Dieses Preisniveau mag eine soziale Massnahme der Firma sein. Dadurch wird aber die Rassentrennung effektiv nicht aufgehoben, sondern bleibt weiterhin bestehen. Entsprechend zwiespältig beurteilen die Gewerkschafter diese Massnahme.

Dass über die Rassenfrage immerhin diskutiert wird und doch einiges in Bewegung gekommen ist, kann einerseits auf die gute Präsenz der Gewerkschaften zurückgeführt werden, andererseits aber auch auf den internationalen öffentlichen Druck, der sowohl auf die südafrikanische Politik, wie auch auf die Firmen Auswirkungen zeitigt.

In der weissen Gesellschaft Südafrikas ist das Rassendenken aber nach wie vor stark verankert. Die Ciba-Geigy ist immer auch wieder bereit, solchem Druck nachzugeben.

Vor fünf Jahren zum Beispiel wurden in der Abteilung Pillenverpackung sämtliche schwarzen Arbeiter aus «rassenhygienischen Gründen» durch weisse Arbeiterinnen ersetzt. Nach Verhandlungen mit den Gewerkschaften hat die Ciba-Geigy diese Arbeiter allerdings nicht entlassen, sondern in andere Betriebszweige versetzt. Die Firma hatte damals für ihr Vorgehen den Druck der südafrikanischen Kunden geltend gemacht.

Die Ausnützung von rassistischen Gesetzen wird an einem anderen Beispiel deutlich: In einer Produktionsstätte von Ciba-Geigy fehlten grössere Mengen von Medikamenten. Die Firma erstattete Anzeige bei der Polizei, die ihrerseits Hausdurchsuchungen vornahm. Bei einem schwarzen Arbeiter wurde eine kleinere Menge Medikamente sichergestellt, die er zum Eigengebrauch entwendet hatte. Der Arbeiter wurde sofort entlassen, musste sich wegen des Diebstahls vor Gericht verantworten und wurde zu einer Gefängnisstrafe verurteilt. Zur selben Zeit wurde auch publik, dass eine weisse Frau im grossen Stil Medikamente entwendet hatte, um sie einem Apotheker weiterzuverkaufen.

Diese Frau wurde ebenfalls entlassen, aber sie wurde weder angeklagt noch bestraft. «Schwarze und Weisse werden eben anders behandelt», das ist die Schlussfolgerung, die die Gewerkschafter aus dieser Geschichte ziehen. Auf unsere Frage, ob die Gewerkschaft sich nicht für ihren fehlbaren Kollegen hätte einsetzen können, um ihm wenigstens die Gefängnisstrafe zu ersparen, erhalten wir ein klares Nein zur Antwort. Wenn die Firma bei einem derartigen Fall die Polizei anfordert, dann hat sie offenbar nach südafrikanischen Gesetzen nicht mehr die Möglichkeit, auf eine Klage zu verzichten, wenn es sich um einen schwarzen Arbeiter handelt.

Die Hierarchie in den Ciba-Geigy-Betrieben folgt nach wie vor dem Muster des Apartheidstaates: Alle Kaderleute, 45 an der Zahl, sind weiss. Zu ihren Aufgaben gehört die Leitung der einzelnen Produktionszweige und Abteilungen sowie die logistische Führung. Die einzige Ausnahme bildet eine schwarze Person, welche mit der Personalleitung betraut ist. Auch das gesamte mittlere Management, die wissenschaftlichen Stellen und alle qualifizierten Arbeitsplätze sind mit Weissen besetzt. Selbst in angelernten Berufen werden Weisse bevorzugt. Schwarze bedienen Maschinen und bearbeiten die Rohmaterialien. Das gilt insbesondere für die agrochemische Produktion. Sie erledigen die Pack-, Lager-, Auslieferungs- und andere Hilfsarbeiten. Zum Qualifiziertesten, womit Schwarze betraut werden, gehören Labortechnik-Assistenten, Lagerverwalter, Lastwagenfahrer und Vorgesetzte in der Auslieferung. Obwohl letztere als Vorgesetzte bezeichnet werden, haben sie trotzdem kein Recht, Einstellungen vorzunehmen oder Entlassungen anzuordnen. Dies im Gegensatz zu ihren ausschliesslich weissen Kolleginnen und Kollegen der Produktionsabteilungen.

Auch in der Ausbildungsfrage spiegelt sich dasselbe Bild: Gemäss den Aussagen der befragten Gewerkschaftsleute ist es schwierig, im Betrieb real aufzusteigen. Die Gewerkschaften haben allerdings erreicht, dass gewisse Arbeitsplätze höher eingestuft werden. Dies war beispielsweise bei den Labortechnik-Assistenten der Fall, die als ungelernte Arbeiter klassifiziert waren. Erst nachdem die CWIU interveniert hatte, wurde eine Neueinreihung möglich. Doch selbst heute entspricht die Einreihung der Assistenten noch nicht ihrem eigentlichen Können.

Bewerberinnen und Bewerber für gelernte Berufstätigkeit werden nach Rassenzugehörigkeit unterschiedlich behandelt. Von einer weissen Person wird oft kein Maturitätsabschluss verlangt. Demgegenüber muss eine schwarze für die gleiche Stelle mindestens ein solches Diplom, manchmal aber sogar eine Universitätsausbildung vorweisen können. Die einzige Ausbildungsmöglichkeit, die allen gleichermassen offeriert wird, ist das sogenannte 6M-Training, ein ideologisch gefärbter Kurs, der die kapitalistische Produktionsweise und die eigene Firmenpolitik im besten Licht erscheinen lässt. Arbeiterinnen und Arbeiter, die sich anderseits entschliessen, berufsbezogene Abendkurse zu besuchen, erhalten lediglich eine Kostenrückvergütung im Rahmen von 300 Rand pro Jahr. Diese Entschädigung wird erst ausbezahlt, wenn die Ausbildung erfolgreich abgeschlossen wird. Immerhin gewährt Ciba-Geigy als eine der wenigen Schweizer Firmen einen bezahlten Bildungsurlaub, und Gewerkschafterinnen und Gewerkschafter haben Anrecht auf fünf bezahlte Freitage für gewerkschaftliche Weiterbildung im Jahr.

Gerade weil die Apartheid oft mit den strengsten und auch absurdesten Gesetzen über Jahrzehnte hinweg erzwungen wurde, ist ihre Überwindung unter den bestehenden Verhältnissen nicht möglich. Das zeigt sich überdeutlich am Problem der Unterkünfte und der Arbeitswege, die in den gewerkschaftlichen Kämpfen und in den arbeitsvertraglichen Verhandlungen immer eine zentrale Rolle spielen. Für aussenstehende Beobachter ist diese Gewichtung auf den ersten Blick schwer verständlich. Bei näherem Hinsehen begreift man allerdings: Die überwiegende Zahl von Arbeitern hat enorme Arbeitswege zurückzulegen, was oft mit grossen Schwierigkeiten verbunden ist. Man könnte jetzt annehmen, das sei ein generelles Grossstadtproblem, doch die Strukturen der Apartheid verschärfen die Situation dramatisch. Die Townships der schwarzen Bevölkerung liegen zum grössten Teil weitab von den Zentren der Städte und von den Wohngebieten der weissen Bevölkerung. Die grosse Mehrzahl der weissen Bevölkerung verschiebt sich fast ausschliesslich mit dem eigenen Auto. Der öffentliche Verkehr ist sehr schlecht ausgebaut; auch die Industriezentren sind nicht angemessen erschlossen. Schwarze Arbeiter können sich selten ein Auto leisten; sie wären auf öffentliche Transportmittel angewiesen. Kein Wunder, dass die Gewerkschaften in ihren Vertragsverhandlungen immer wieder – meistens aber erfolglos – Transporterleichterungen von Arbeitgeberseite verlangen. Die Arbeitgeber stellen sich mehrheitlich auf den Standpunkt, dass das nicht ihr Problem sei.

William, ein Chemiearbeiter und Gewerkschafter in Johannesburg, schildert diese Situation: Einige Arbeiter haben das Glück, dass sie «nahe» wohnen, das heisst 35 oder 40 Kilometer vom Arbeitsplatz entfernt. Andere aber wohnen 60, 80, ja sogar 100 Kilometer weit weg. Sie haben durch die strengen Niederlassungsgesetze und die generelle Wohnungsnot keine Möglichkeit, den Wohnort zu wechseln. So fahren sie mit dem Zug, dem Bus oder mit privaten Sammeltaxis – das sind Kleinbusse, die kleinere, festgelegte Strecken befahren – zur Arbeit. Das Abonnement für die Bahn kostet nur 3 Rand in der Woche, aber der Zug braucht beinahe doppelt so lang wie der Transport mit den Bussen; zudem sind die Züge immer überfüllt. Der Bus kostet 1.20 Rand per Fahrt und das Kollektiv-Taxi 1.30 Rand per Trip. Viele müssen zwei bis drei Mal das Taxi wechseln und haben also jedes Mal denselben Fahrpreis zu entrichten. So belaufen sich die Transportkosten auf zwischen 100 bis 200 Rand monatlich. Das ist eine erhebliche Summe, selbst für Chemiearbeiter, die besser verdienen als Arbeiter in anderen Branchen. William gehört zu den Pechvögeln, die jeden Tag zwei Mal 100 Kilometer Arbeitsweg zu bewältigen haben. «Ja, wir haben die Vierzigstundenwoche», sagt er. «Je nach Schicht beginnt die Arbeit um 6.30 Uhr oder 7 Uhr; wir haben Mittagspausen von einer halben bis zu einer Stunde und zwei Arbeitspausen zu je 15 Minuten. Um 15.30 Uhr oder spätestens um 16.30 Uhr ist Feierabend. Doch für mich gibt es keine Vierzigstundenwoche.» William muss jeden Tag um 3.30 Uhr in der Frühe aufstehen. Das erste Wegstück legt er zu Fuss zurück, nachher benützt er den Bus bis zur Bahnstation. Dann nimmt er den Zug, muss aber nochmals umsteigen. Drei Stunden insgesamt ist er unterwegs. Und abends erfolgt dasselbe in umgekehrter Richtung. «Wenn ich Glück habe», berichtet er, «dann bin ich um 19.30 Uhr wieder zu Hause.» Er hat Kinder, die noch zur Schule gehen. Seine Familie muss daher früher essen. Abends setzt er sich in die Küche und isst eine Kleinigkeit. «Manchmal ess' ich gar nichts mehr, weil ich keine Lust dazu habe; es ist nicht schön, wenn man alleine essen muss.» Der effektive Arbeitstag beträgt demzufolge für William nicht 8, sondern 14 Stunden. Es ist beinahe unglaublich, dass dieser ungefähr 50 Jahre alte Mann trotz dieser Belastung ein aktiver Gewerkschafter ist, der noch Zeit erübrigt für den Besuch von Versammlungen und andere gewerkschaftliche Aktivitäten. William ist einer jener äusserst stabilen, verlässlichen Gewerkschafter – für die Jungen eine Art Vaterfigur und auch Vorbild.

Von Zwangsumsiedlungen, Heimatlosigkeit und der schwierigen Lage in den Townships

Das Depot von Isando ist ein grosses Verteilzentrum. Von hier aus starten die Lastwagen, um die von Nestlé produzierten Lebensmittel in andere Städte und Ortschaften zu bringen. In Isando werden eine grosse Zahl von schwarzen Lastwagenfahrern und viele Hilfskräfte als Lagerarbeiter beschäftigt. Einige wenige Schwarze arbeiten in der Lagerverwaltung und in der Registratur, die mittlerweile auch hier computergesteuert ist.

John gehört zu diesen Ausnahmen. Er ist ungefähr 35 Jahre alt – ein eher intellektuell erscheinender Typ. Als engagierter Gewerkschafter war er von Anfang an dabei. «Nach der Gründung der Gewerkschaft FAWU – das war 1983 – war ich sehr isoliert und von seiten der Firma auch oft diskriminiert. Jetzt geht es viel besser.» Das Verhältnis zum Management bezeichnet er als einvernehmlich. Es ärgert ihn aber, dass die Verhandlungen im sozialen Bereich immer sehr schwierig sind. Und er beschreibt die Haltung der Firma folgendermassen: Nestlé stellt sich auf den Standpunkt «Wir bezahlen einen anständigen Lohn auf die Hand – vielleicht 100 oder gar 200 Rand mehr als andere, aber sonst gar nichts!» Die Sozialleistungen sind minimal. Es gibt zwar eine Krankenversicherung, an der sich die Arbeiter immerhin hälftig beteiligen, aber sie funktioniert geradezu absurd! Der Arbeiter oder die Arbeiterin darf nur 30 Tage krank sein. Bei einer schweren Erkrankung liegt es im Ermessen des Managements, einen Krankheitsurlaub zu gewähren. Längere Absenzen sind zurückzuzahlen.

Ähnliches muss auch für die Pensionskasse gesagt werden. Auch hier bezahlen Unternehmer und Arbeiter je die Hälfte der Prämien. Die Pensionskassen-Stiftung ist für alle Nestlé-Unternehmen gleich geregelt, aber es gibt keine Arbeiter in der Leitung dieser Stiftung, und Nestlé lehnt eine Arbeiternehmer-Vertretung aller Nestlé-Betriebe kategorisch ab. In einer derartigen Stiftung aber müsste nach Meinung der Gewerkschaften darüber diskutiert werden können, wie die Pensionskassengelder investiert werden. Angesichts der Schwierigkeiten auf dem Wohnungsmarkt würden es die Gewerkschaften begrüssen, wenn mindestens ein Teil der

Pensionskassengelder in den Hausbau investiert werden könnte oder wenn die Pensionskassenstiftung Darlehen für den Hauskauf gewähren würde.

Am Anfang hat Nestlé das gewerkschaftlich organisierte Personal oft unter Druck gesetzt und diskriminiert. Als aber in Insando der Organisierungsgrad rapide zunahm, reagierte die Firma «äusserst sensibel», anerkennt John. Sie veränderte ihre Haltung gegenüber den Gewerkschaften, wechselte sogar einige Manager aus, die als Scharfmacher galten. Heute erhält ein Shop Steward acht Tage bezahlten Urlaub im Jahr für seine gewerkschaftliche Tätigkeit. «Das erkämpfte sich die Gewerkschaft», betont John. Seither gibt es auch monatliche Sitzungen zwischen gewerkschaftlichen Vertrauensleuten und dem Management, die in einer guten Atmosphäre stattfinden und sehr produktiv sind. Die Firma verhandelt aber strikte nur über arbeitsrechtliche Fragen und verweigert Auskünfte zu strukturellen Problemen und organisatorischen Entscheiden. Von diesen können die Arbeitnehmer aber sehr wohl betroffen sein. So haben die Gewerkschaften Anlass anzunehmen, dass die Firma immer mehr expandiert und sich mehr und mehr auch an Übernahmen anderer Firmen beteiligt. Doch darüber werden sie von der Firma nicht informiert, sondern sie müssen sich die Informationen aus den Zeitungen oder von andern Gewerkschaften beschaffen.

Ein bezeichnendes Beispiel ist die Übernahme von Wilson-Rowntree. Nestlé kaufte dieses Unternehmen, das als einer der grössten Schokoladehersteller im Land bekannt ist. Wilson-Rowntree beschäftigt über 1000 Arbeiter in der Fabrik in East London, die ebenfalls bei der FAWU organisiert sind. Und natürlich bedeutete diese Übernahme Strukturbereinigungen in den Nestlé-Fabriken von Pietermaritzburg und anderswo, die zum Verlust von Arbeitsplätzen führten. Nestlé war bis im Frühling 1989 nicht bereit, über dieses Problem mit den betroffenen Gewerkschaften zu diskutieren, um einen Modus über die Ablösung zu finden. Immer wieder kommt es zu derartigen strukturbedingten Entlassungen, wenn Nestlé andere Firmen aufkauft und übernimmt.

Lange hat sich die Firma geweigert, mit den Gewerkschaften über ein neu eingeführtes Gradsystem zu diskutieren. Vergleichbar mit den bei uns beim Staat üblichen Lohnskalen, gibt es hier Lohnklassen mit verschiedenen Stufen. Die Firma behauptet, dass sie für dieselbe Arbeit immer denselben Lohn bezahle und es keine Diskriminierung von schwarzen gegenüber weissen Arbeitern gebe. Doch die Gewerkschaften machen geltend, dass weisse Arbeiter oft in der höchstmöglichen Stufe eingereiht werden, während Schwarze immer bei der niedersten anfangen müssen. Ähnlich verhält es sich auch mit der firmeninternen Ausbildung und den Aufstiegschancen für Schwarze. Es kann vorkommen, dass Schwarze neueintretende weisse Arbeiter in die Arbeit einführen müssen. Weisse haben aber sofort Weiterbildungs-Chancen, während für die schwarzen Arbeiter, die die Weissen angelernt haben, diese Möglichkeit nicht besteht. Ein afrikanischer Arbeiter – oder eine Arbeiterin – erhält während seiner oder ihrer beruflichen Laufbahn einmal eine Aufstiegschance, aber Weisse können mehrere Male befördert werden. Diese Firmenpraxis führt dazu, dass viele Schwarze mit höherem Bildungsniveau wieder kündigen. Sie sagen: «Nestlé ist kein Unternehmen für Schwarze.»

Das Depot befand sich vierzig Jahre lang im Zentrum von Johannesburg; 1960 wurde es nach ausserhalb der Stadt verlegt. Von diesem Wechsel waren manche langjährigen Angestellten und Arbeiter betroffen; ihre Arbeitswege verlängerten sich spürbar. Die meisten schwarzen Arbeiter wohnen in den Townships Tembisa oder Kwathema, die 30 respektive 60 Kilometer von Isando entfernt sind. Einige wohnen gar in Soweto, das 80 Kilometer weit weg liegt. Etwa 10 Prozent der Isando-Arbeiter haben ihre Familien in den ländlichen Gebieten Nord-Transvaals. Die meisten müssen während der Woche oder über Monate hinweg getrennt von ihren Familien leben und haben sich als Untermieter in einem Township eingerichtet.

John wohnt mit seiner Familie im Township. Er ist in Tembisa-Town aufgewachsen, das heisst, seine Eltern wurden dorthin umgesiedelt, als er drei Jahre alt war. Früher hatten sie in einem andern Township gelebt. Das Land war für industrielle Zwecke benötigt worden; die Leute hatten ihre Wohnstätten verlassen müssen. John erzählt das ohne sichtliche Bewegung. Nach unserem Empfinden nimmt sich eine derartige Zwangsumsiedlung von

Tausenden von Menschen als Ungeheuerlichkeit aus. Sie ist nur dort möglich, wo ein Teil der Bevölkerung völlig entrechtet ist und der Staat eine praktisch uneingeschränkte Verfügungsgewalt über sie hat.

Der Apartheidsstaat ist ein ausgeklügeltes System der Unterdrückung der nicht-weissen Bevölkerungsmehrheit. An der Wohnsituation der Schwarzen wird diese Unterdrückung besonders krass sichtbar. Schwarze dürfen im weissen Südafrika kein Land besitzen. Das Land der schwarzen Townships gehört dem Staat. Er vermietet oder verkauft dort Häuser oder gibt das Land im Baurecht ab. Die Häuser des «sozialen Wohnungsbaus» sind meistens ein- bis zweistöckige kleine Häuser ohne Komfort. Eine einfache Unterkunft – zum Beispiel zwei Zimmer mit Kochgelegenheit – kostet nach Auskunft von John in Tembisa 100 Rand im Monat. Wasser, Elektrizität und Wohnungssteuern müssen extra bezahlt werden. Es ist äusserst schwierig, eine derartige Unterkunft zu bekommen, weil die Wohnungsnot gross ist. Die Häuser, die zum Kauf angeboten werden, richten sich nach dem Markt. Heute kostet ein kleines Haus mit drei Zimmern in Tembisa zwischen 25 000 und 30 000 Rand. Das ist – gemessen an einem Durchschnittseinkommen für Schwarze – eine hohe Summe. Eine Arbeiterfamilie verfügt selten über eigenes Kapital, so dass die ganze Summe verzinst werden muss. Es ist zudem äusserst schwierig, Geld aufzutreiben. Wenn eine Familie trotzdem das Glück hat, einen Darlehensgeber zu finden, dann müssen oft horrende Zinsen bezahlt werden; 10 Prozent sind normal, es gibt aber auch Wucherzinsen von 17 bis 18 Prozent für Hypotheken. Trotzdem versuchen die meisten Schwarzen ein eigenes Haus zu kaufen, weil sie nur auf diesem Weg zu einer einigermassen gesicherten Unterkunft kommen und nicht befürchten müssen, eines Tages auf der Strasse zu stehen und im Notfall in einer Hüttensiedlung zu landen... Zwar dürfen heute Schwarze auch in den sogenannten gemischten Zonen in den Städten wohnen, die es noch bis vor kurzem gar nicht gab; doch die Mietzinsen übersteigen – gemessen an ihren Löhnen – meistens ihre Möglichkeiten.

Deshalb ist die Wohnungsfrage für die Gewerkschaften und die gewerkschaftlich organisierte Arbeiterschaft eine Frage, die in allen Arbeitskämpfen eine wichtige Rolle spielt. Nestlé zum Beispiel zeigt sich auf diesem Gebiet zugeknöpft: Unter dem gewerkschaftlich organisierten Personal kann sich beinahe niemand ein eigenes Haus leisten. In der Nähe von Durban oder Pietermaritzburg sind die Preise für Häuser eher noch höher; dort wird das billigste Haus mit 35000 Rand angegeben. Nestlé gewährt einem langjährigen Mitarbeiter Darlehen an eine Hypothek von höchstens 5000 Rand. Das restliche Geld muss anderweitig aufgetrieben werden. In jeder Nestlé-Fabrik gibt es höchstens zehn Arbeiter, die von diesem Angebot Gebrauch machen können. Für die meisten bleibt der Wunsch nach einer gesicherten Unterkunft ein Traum. John zählt sich durchaus zu den Privilegierten, die relativ gut verdienen. Trotzdem konnte er sich bis heute kein eigenes Haus leisten. Er lebt mit seiner Familie mit zwei kleinen Kindern in einer Mietwohnung, die er nur gefunden hat, weil er in diesem Township aufgewachsen ist.

Zudem ist die Situation im Township miserabel geworden. «Es gibt immer mehr Leute, die hierherkommen», erzählt John. Oft leben sechs, acht manchmal sogar zehn Personen in einem dieser kleinen Häuser mit drei oder vier Zimmern. Viele Leute vermieten aus Kostengründen einen Teil ihrer Wohnung oder ihres Hauses. Oft ist man aber auch gezungen, Verwandte, die keine Wohnung finden, aufzunehmen. Und es gibt immer mehr Arbeitslose. «Man kann sie doch nicht einfach fallenlassen», sagt John. Diejenigen, die Arbeit haben, unterstützen meistens mehrere Leute, die keine Arbeit haben, nicht nur Verwandte, sondern auch Leute in der Nachbarschaft. Und dann kommen noch die Probleme mit den Hüttensiedlungen – den «squatter areas» – dazu. Die Townshipbewohner müssen den Leuten in den Hütten Wasser geben; manchmal wird das Wasser sogar verkauft. «Viele von uns sind in dieser dauernden Solidarität einfach überfordert», sagt John resigniert. Und natürlich kommt es zwischen diesen Armen und Ärmsten auch zu sozialen Spannungen, die nicht selten in Gewalt ausmünden.

Nestlé ist schon sehr lange – seit Beginn dieses Jahrhunderts – in Südafrika tätig. Welchen Einfluss allerdings die Apartheid – besonders in den letzten zwanzig bis dreissig Jahren – auf das Unternehmen ausübte, lässt sich am Beispiel der in Natal gelegenen Fabrik aufzeigen: Zuerst befand sie sich ganz in der Nähe von

Durban – in Point of the Harbour. Das Unternehmen expandierte kräftig und wurde darauf nach Mobeni verlegt und letztlich, 1972, nach Prospecton. Diese Verlagerung hatte negative Auswirkungen auf die Wohnsituation und damit auch auf die Zusammensetzung der Arbeiter. In der Fabrik sind heute mehrheitlich Wanderarbeiter beschäftigt, deren Familien in den angrenzenden Homelands leben müssen. Dem Wunsch nach Familiennachzug stehen die Bestimmungen des Apartheid-Staates entgegen. Es ist aber praktisch auch unmöglich, eine entsprechende Unterkunft zu finden.

Die meisten Arbeiter in dieser Fabrik leben alleine in Hostels – das sind bescheidenste Arbeiterunterkünfte für Wanderarbeiter. Es gibt auch viele Arbeiterinnen und Arbeiter, die als Untermieter in einem Township wohnen. Im schlimmsten Falle leben sie in Hüttensiedlungen. Das ist oft dann der Fall, wenn Wanderarbeiter trotz aller Schwierigkeiten versuchen, ihre Familie in die Nähe ihres Arbeitsplatzes zu holen. Es gibt auch viele Frauen, die sich in diesen armseligen, selbstgebauten Hütten einrichten, derweil ihre Männer im Hostel leben. Diese Siedlungen befinden sich am Rand der Städte und Industriegebiete, oft in unmittelbarer Nähe der Townships. Es gibt dort meistens kein Wasser, keine Elektrizität und überhaupt keine Infrastruktureinrichtungen. Entsprechend schwierig ist das Leben, ganz abgesehen von der Tatsache, dass die Leute immer befürchten müssen, weggewiesen zu werden. Denn diese slumartigen «Squattertowns» sind illegal. Heute werden sie mancherorts geduldet, nachdem sie noch vor kurzer Zeit von der südafrikanischen Polizei immer wieder systematisch geräumt und zerstört wurden.

Der Status der Wanderarbeiter ist eng verknüpft mit der Ideologie der Apartheid, die die Schwarzen möglichst von den Gebieten der Weissen fernhält und nur die im Arbeitsprozess stehende Bevölkerung in den weissen Gebieten dulden möchte – und das nur in beschränktem Masse, zum Beispiel als «Gast-» oder «Fremdarbeiter», die möglichst keine dauernde Niederlassung in den weissen Gebieten erhalten. Der Status der Wanderarbeiter ist vergleichbar mit dem in der Schweiz praktizierten Saisonarbeiterstatut, allerdings mit dem Unterschied, dass die Gastarbeiter in Europa ein angestammtes Heimatland besitzen, während die Schwarzen in Südafrika Fremde in ihrem eigenen Land sind.

Bewohner von zwei von der Umsiedlung bedrohten Dörfern nennen die Gründe, weshalb sie umgesiedelt werden sollen:
- «Der Farmer wollte uns nicht mehr.»
- «Man sagte uns, das Gebiet sei für Coloureds.» (Farbige)
- «Man sagte uns, das Gebiet sei nicht für uns bestimmt; unser Platz wäre in der Transkei.»
- «Wir seien zu alt und arbeiteten nicht mehr.»
- «Unser Land würde von der Industrie gebraucht.»
- «Unser Platz sei in der Ciskei.»
- «Ein neuer Farmer hatte Land gekauft und sagte uns, wir müssten gehen.»
- «Es sei nicht gut für uns, wenn wir zu nahe bei der Stadt wohnten.»

Südafrika betreibt diese Politik der Verdrängung seit rund drei Jahrzehnten systematisch. Grundlage ist der «Group Areas Act», mit dem das ganze Land in getrennte Wohngebiete eingeteilt wurde: Der weitaus grösste Teil ist den Weissen vorbehalten. Die Schwarzen, Farbigen und Asiaten werden in Homelands und Townships verwiesen. Ziel dieser Politik war es ursprünglich, dass irgendeinmal nur noch Weisse in Südafrika leben sollten. Die Bewohnerinnen und Bewohner der Homelands sind nach südafrikanischem Gesetz in der Regel Bürger dieser Pseudostaaten und verlieren das Bürgerrecht in Südafrika.

1967 hiess es in einem offiziellen Dokument: «Es ist anerkannte Regierungspolitik, dass die Bantu (Schwarzen) sich in Südafrika nur temporär niederlassen dürfen, nämlich solange ihre Arbeitskraft hier gebraucht wird. Sobald sie aus irgendeinem Grunde nicht mehr arbeitsfähig sind oder auf dem Arbeitsmarkt überflüssig werden, wird von ihnen erwartet, dass sie in ihr Herkunftsland oder ihre Gebiete zurückkehren.»

Die Homeland-Politik ist ein Grundpfeiler der Apartheid. Leute, die nicht mehr gebraucht werden, sollen abgeschoben werden; der südafrikanische Staat zahlt für sie keine Renten oder Arbeitslosengelder. Mit der Existenz getrennter Wohngebiete versucht der weisse Minderheitsstaat die Verweigerung politischer Rechte für die schwarze Bevölkerung zu rechtfertigen. Und mehr noch, die Homelands dienen auch dazu, die schwarze Bevölkerung nach Zugehörigkeit zu verschiedenen Völkern zu spalten: Die Zulus müssen in KwaZulu wohnen, die Tswanas in

Bophuthatswana etc. Die Schwarzen sollen sich nicht als eine Nation verstehen, sondern als Angehörige verschiedener Stämme.

Die afrikanische Bevölkerung hat traditionellerweise eine starke Bindung an die Gebiete ihrer Vorfahren. Aus diesen Gebieten sind sie aber längst vertrieben oder verdrängt worden: die Homelands sind oft nicht identisch mit dem Land ihrer Vorfahren. Die Homelands sind auch keine zusammenhängenden Gebiete, sondern bilden kleine Flecken innerhalb des von Weissen genutzten und bewirtschafteten Landes. Es sind die unfruchtbaren Gebiete mit den schlechten Böden, die für eine ertragreiche landwirtschaftliche Nutzung nicht in Frage kommen. Dieses Land vermag also auch die zahlreich in diesen Gegenden lebende Bevölkerung nicht zu ernähren. Das ist der Grund, weshalb die Leute ihre Arbeitskraft verkaufen müssen; was wiederum nur in den weissen Gebieten möglich ist. Diese abgewanderte Bevölkerung – es sind vorwiegend Männer im erwerbsfähigen Alter – fehlt anderseits wieder in den Homelands, was das Überleben der Frauen, Kinder und älteren Leute dort zusätzlich erschwert. Zur Durchsetzung der Politik der getrennten Wohngebiete werden immer wieder Zwangsumsiedlungen vorgenommen. Zwischen 1960 und 1983 wurden 3,5 Mio. Menschen umgesiedelt: 2 Mio. waren von der Umsiedlung bedroht.

Durch die Zwangsumsiedlung werden die Leute entwurzelt. Gewachsene Sozialstrukturen werden zerstört, Widerstandsstrukturen geschwächt oder zerstört, was im Interesse des weissen Staates liegt. Die Leute, die mit Gewalt zum Verlassen des Landes ihrer Ahnen gezwungen werden, sind nachhher oft vom Schock gezeichnet, werden depressiv oder krank.

Die südafrikanische Regierung behauptet zwar, Zwangsumsiedlungen gebe es nicht mehr; es würden keine Menschen mehr auf Lastwagen geladen und in andere Landesgegenden gebracht, wie das früher durchaus üblich war. Tatsächlich änderten die politisch Verantwortlichen – auch unter dem Druck der Weltöffentlichkeit – ihre Taktik. Heute gibt es sogenannte «freiwillige Umsiedlungen». Ein Beispiel ist die Gemeinde Cornfields, eine schwarze Gemeinde inmitten eines weissen Gebietes, deren 5000 Einwohner in das etwa 40 Kilometer entfernte KwaZulu umgesie-

«An diesem Tag, als wir nach Glenmore gebracht wurden, kamen die Lastwagen sehr früh, zu einer Zeit, als alle noch schliefen. Wir mussten alles zusammenräumen. Einige liessen ihre ganze Habe zurück. Sie waren so schockiert, dass sie nicht einmal ihre Sachen zusammenpacken konnten. Die Offiziellen waren sehr verärgert und schrien uns an. Es war total chaotisch. Die Häuser wurden zerstört, bevor wir alles raustragen konnten. Auf der Fahrt gingen unsere Möbel kaputt. Als wir in Glenmore ankamen, sahen wir die neuen Häuser. Es waren nur Gerippe, die erst noch fertiggestellt werden mussten.

Ich habe keine Hoffnung mehr. Als ich jung war, wollte ich meinen Kindern und Grosskindern ein besseres Leben ermöglichen. Jetzt sehe ich, dass es für sie keine Hoffnung mehr gibt. Auch für mich und meine Frau gibt es keine Hoffnung mehr und ich weiss nicht, warum ich überhaupt habe leben müssen. Ich bin nun über siebzig Jahre alt und ich kann nicht sagen, dass ich meinen Söhnen eine gute Erziehung ermöglicht habe und dass sie jetzt gut leben können. Und ich kann nicht sagen, dass ich meine Töchter gut verheiratet habe und dass meine Grosskinder gesund sind. Ich kann gar nichts sagen.»

(Dieses Beispiel stammt aus dem Buch «The Surplus People». Darin sind Fakten über die Umsiedlungen «überzähliger Menschen» zusammengetragen.)

delt werden sollen. Das Beispiel ist für uns von Interesse, weil Nestlé der grösste Arbeitgeber in dieser Gegend und also auch für die betroffene Bevölkerung von Cornfields ist.

Um die Leute dazuzubringen, ihr Dorf zu verlassen, vernachlässigt die Regierung die Infrastruktur des Dorfes. Die Strassen sind zum Beispiel bei Regenwetter absolut unpassierbar – ein gravierendes Problem für diejenigen Leute, die täglich zur Arbeit fahren müssen! Die Wasserversorgung wird nicht mehr unterhalten. Im ganzen Dorf funktionieren nur noch zwei Wasseranschlüsse. Für die Kinder gibt es lediglich eine Grundschule, welche hoffnungslos überfüllt ist. Die Regierung verspricht jetzt der Bevölkerung von Cornfields, dass in der für die Umsiedlung vorgesehenen neuen Siedlung alle diese Probleme gelöst seien: Es erwarte sie eine intakte Infrastruktur, und es bestehe sogar die Möglichkeit, Land zu erwerben. Auf diese Weise sollen die Landbesitzer und Pächter in Cornfields gespalten werden. Das ist zum Teil auch gelungen, denn etwa ein Fünftel der Bevölkerung ist bereits umgezogen. In der neuen Siedlung wurden sie allerdings bitter enttäuscht: Ihre Erwartungen entpuppten sich als leere Versprechungen. Heute überlegen sich viele, ob sie nicht wieder nach Cornfields zurückkehren wollen. Aber das dürfte angesichts der Verhältnisse in Südafrika schwierig sein.

Kämpferische Arbeiter bei Everite

Die Firma Everite wehrte sich lange Zeit mit allen Mitteln gegen die Gewerkschaft. Als die Arbeiter im Jahre 1982 – kurz nachdem die Gewerkschaften wieder zugelassen waren – offen in die Gewerkschaft einzutreten begannen, stand ihnen die Firma feindselig gegenüber. Die Firmenleitung drohte mit Entlassungen, die aktiven Gewerkschafter wurden belästigt, einige gar verhaftet. Die Firma entschuldigt heute gegenüber den Gewerkschaften ihre Haltung: Sie habe befürchtet, dass mit dem Auftauchen der Gewerkschaft das Problem der Asbestkrankheit in der Öffentlichkeit breitgeschlagen werde. Seither hat sich nach Aussage der Vertrauensleute das Benehmen der Geschäftsleitung fühlbar verändert, unter anderem weil der Organisationsgrad hoch ist und das gewerkschaftlich organisierte Personal sehr selbstbewusst agiert. In den Verhandlungen mit der Geschäftsleitung setzten sich die Vertrauensleute zum Beispiel immer konsequent für Kollegen ein, die ungerecht behandelt wurden. Seither ist manches möglich, was noch vor ein paar Jahren undenkbar gewesen wäre. Die Direktionsspitze spricht sich in verschiedenen Kommissionen mit den Arbeitern ab und hat seit der Anerkennung der Gewerkschaft das mittlere Kader dazu angehalten, die Arbeiter zu respektieren.

Das will aber nicht heissen, dass die Beziehungen zwischen Firmenleitung und Belegschaft problemlos sind. Im Gegenteil: der im Sommer 1989 ausgebrochene Streik bei Everite hat erneut Gräben aufgerissen und liess die Firma in die alte gewerkschaftsfeindliche Haltung zurückfallen. Während die Arbeiter im Verlaufe dieses mehrmonatigen Streiks immer wieder neu zu Verhandlungen bereit waren, lehnte die Firma jedes Entgegenkommen ab, setzte Streikbrecher ein, duldete Ausschreitungen gegen die Streikenden und liess sich auch von internationalen Protesten nicht beeindrucken. Im Verlaufe dieses auch für die Arbeiter verlustreichen Streiks hatte die Gewerkschaft ihre Lohnforderungen so stark reduziert, dass die Differenzen zum Firmenangebot lächerlich klein waren. Trotzdem lenkte Everite nicht ein, so dass man annehmen muss, der Firma sei es weniger um die Sache als um die Erhaltung ihrer Autorität gegenüber den Gewerkschaften gegangen. Dennoch zählt die im Sommer 89 bestreikte Everite-Unternehmung zu jenen, in denen gewerkschaftliche Arbeit kaum mehr behindert wird. (Siehe auch «Ein Streik ist kein Sonntagsspaziergang»)

Anders ist die Lage allerdings heute noch bei der Everite–Plastikabteilung, einem Betriebszweig, der ebenfalls zur Everite gehört, aber ein eigenständiges Management besitzt. Im Betrieb Santar Pipes in Alrode sind die Arbeiter dieses Betriebszweiges nicht bei der Bauarbeitergewerkschaft CAWU organisiert, sondern bei der Chemiearbeitergewerkschaft CWIU. In der Plastikabteilung werden die Gewerkschaften noch immer hart bekämpft. Man versucht diejenigen Arbeiter, die sich gewerkschaftlich organisieren wollen, einzuschüchtern. Die Vertrauensleute der Gewerkschaft bezeichnen das Verhältnis in der Fabrik in Alrode als «durch und durch rassistisch und grob». In diesem Betrieb besteht auch heute noch ein absolutes Gewerkschaftsverbot für Aufseher und Büroangestellte – ein Verbot, das die Gewerkschaft nicht akzeptieren kann, denn COSATU ist ein nichtrassiger Gewerkschaftsbund, obwohl die grosse Mehrheit seiner Mitglieder Schwarze sind. Am 23. Februar 1988 rief daher die Gewerkschaft zum Streik gegen dieses Gewerkschaftsverbot auf. Nach zwei Tagen wurden die Arbeiter ausgesperrt. Die Büroangestellten und andere im Monatslohn angestellte Arbeiter, deren Rechte in diesem Streik geschützt werden sollten, erhielten eine zusätzliche Bestrafung: Sie durften erst einen Monat später an ihre Arbeitsplätze zurückkehren. Inzwischen erklärten sich die meisten Aufseher damit einverstanden, der Gewerkschaft nicht anzugehören. Ein 47jähriger Büroangestellter widerstand den Schikanen und weigerte sich auszutreten. Er wurde deswegen entlassen.

Die Situation in den Faserzement-Betrieben von Brackenfell bei Kapstadt und Klipriver in der Nähe von Johannesburg ist besser: Die Gewerkschafter glauben, dass die Firmenleitungen, insbesondere diejenige in Brackenfell, ihre frühere negative Haltung gegenüber den Gewerkschaften wiedergutmachen will.

In der Tat gab es in der Kapstädter Fabrik viele Missstände, welche die Arbeiter zum Eintritt in die Gewerkschaft bewegten: Die Löhne waren sehr niedrig und die Arbeitsbedingungen schwierig. Afrikanische Arbeiter wurden oft hart beurteilt. Wenn das Leistungsniveau nicht den Vorstellungen des Vorgesetzten entsprach, wurde ihnen sofort mit Entlassung gedroht. Nach und nach wurde den Arbeitern aber auch der Zusammenhang zwischen Asbest und den gesundheitlichen Gefahren im Herstellungsbereich bewusst. Und natürlich spielten wiederum die Apartheidsgesetze – das berüchtigte Passgesetz zum Beispiel – eine ganz besondere Rolle. Bis 1984 brauchte ein afrikanischer Arbeiter eine Erlaubnis zur Arbeitssuche, um das weisse Gebiet für maximal 72 Stunden betreten zu dürfen. Zudem waren afrikanische Arbeiter gezwungen, nach einer bestimmten Zeit – meistens nach Ablauf eines Jahres – in ihre Homelands zurückzukehren. Ihre Verträge waren auf diesen Zeitpunkt befristet, und sie wussten nicht, ob sie bei ihrer Rückkehr wieder eingestellt wurden.

In Kapstadt wurden die Gesetze für die Zuwanderung schwarzer Arbeiter seit Jahren strikter angewandt als im übrigen Land. Vor einigen Jahrzehnten war die Gegend um Kapstadt zum bevorzugten Gebiet für farbige Arbeiter erklärt worden. Die Abschaffung einzelner rigoroser Bestimmungen hat die Lage seit 1984 etwas gemildert, aber nicht grundsätzlich verändert.

Bis zum Jahre 1984 nutzte die Firma Everite diese staatlichen Bestimmungen voll aus. Erst 1984 wurde eine etwas menschlichere Praxis eingeführt, die im Wesentlichen darin bestand, den Arbeitern schon am Ende des Jahres mitzuteilen, ob sie zu Beginn des nächsten Jahres wieder eingestellt würden oder nicht. Das war keine grundsätzliche Änderung des Systems, aber damit wurden die Arbeiter zumindest über ihre nächste Zukunft nicht im Ungewissen gelassen. Die Neuerung war übrigens der Initiative eines einzelnen leitenden Angestellten zu verdanken, welcher damals neu in die Firma eingetreten war.

Nach den heutigen Bestimmungen dürfen sich Arbeiter oder ihre Frauen nicht im weissen Gebiet aufhalten, wenn sie nicht über Arbeit oder über eine «angemessene Unterkunft» verfügen. Auch dieses Gebot wird in Kapstadt sehr streng befolgt. Und Everite macht hier keine Ausnahme. Doch auch im Werk Klipriver sieht die Sache kaum besser aus. Die Hälfte der Arbeiter der beiden grossen Faserzementfabriken wohnen in sogenannten Hostels. Wir haben beide Hostels besucht und konnten uns ein Bild über die Lebensbedingungen in diesen Arbeiterunterkünften machen.

Die Fabrik Klipriver liegt rund 25 Kilometer von Johannesburg entfernt in einer beinahe ländlichen Gegend direkt an der Bahnlinie. Das Everite Hostel befindet sich dicht neben der Fabrik. So bleibt den Arbeitern, die im Hostel leben müssen, mindestens das Wegproblem erspart. Sie könnten sogar ein Stück offene Landschaft geniessen. Doch das Hostel ist teilweise mit Mauern umgeben oder eingezäunt. Es ist ein Lager, das an ein Gefängnis erinnert. Das Hostel ist auch nicht frei zugänglich; die Einfahrt wird von Sicherheitskräften bewacht. Jede Besucherin und jeder Besucher muss sich anmelden und den Grund des Aufenthaltes angeben. Ihre Personalien werden registriert. Auch wir mussten uns dieser Kontrolle unterziehen. Der Hauptgrund für diese rigorosen Massnahmen liegt darin begründet, dass im Hostel nur Männer leben dürfen, und dass es ihnen untersagt ist, Familienmitglieder zu beherbergen. Ehefrauen brauchen eine Besuchserlaubnis, auch wenn sie sich nur vorübergehend im Hostel aufhalten möchten.

Das Hostel ist eine Barackensiedlung. Die einstöckigen bodenebenen Häuser liegen dicht beieinander und formieren ein Karree um einen kleinen freien Platz. Der Boden ist festgestampft; kein Grashalm wächst dort. Der Platz ist aber zumindest mit Bäumen bestanden. Eine Baracken-Reihe gilt als Block, und für jede Barackenblock gibt es einen zuständigen Aufsichtsbeamten – einen Blockwart. Damit ich die Zimmer in den Baracken besichtigen kann, müssen meine Begleiter nochmal eine Bewilligung beim Blockwart einholen. Es sind sehr kleine Zimmer. Auf engstem Raum stehend sechs Betten. Zu jedem Bett gehört ein kleiner Kasten und eine Kleiderablage. Die Durchgänge sind schmal; man kann sich kaum vorstellen, dass sich sechs Leute in diesem Zimmer bewegen können, ohne nicht dauernd anzustossen oder sich gegenseitig auf die Nerven zu gehen. Im Raum gibt es keine normalen Fenster, sondern es sind hochgelegene schmale Fensterstreifen, die etwas Tageslicht hereinlassen, die aber keinen Blick nach aussen gewähren.

In einem speparaten Gebäude des Hostels befindet sich eine Kantine mit einer grossen Küche. Die Küche ist einfach und sauber. Bei unserem Besuch trafen wir dort zwei afrikanische Köche, die die Abendmahlzeit vorbereiteten. Bereitwillig liessen sie uns in die Töpfe gucken. Zur Kantine gehört ein Essraum, der ebenfalls sehr einfach eingerichtet ist; aber er ist geräumig und hat grosse Fenster, die auf den kleinen Platz hinausgehen. Im Essraum, der wohl auch als Aufenthaltsraum benützt wird, befindet sich ein Fernsehgerät. Und im hinteren Teil des Hostel-Areals befindet sich ein Versammlungslokal – ein karger Eternitbau mit einer Innenausstattung, die lediglich aus ein paar grobgezimmerten Bänken besteht. Dieses «Clubhaus» kann von den Gewerkschaften benützt werden.

Das Everite-Hostel für die Brackenfell-Arbeiter liegt im Busch rund sieben Kilometer von der Fabrik entfernt. Es gibt keine Transportmöglichkeiten. Die Arbeiter müssen den Weg zur Arbeit zu Fuss zurücklegen. Das sind jedes Mal mindestens anderthalb Wegstunden. Trotzdem bot sich uns am Abend unseres Besuchs ein beinahe idyllisches Bild! Die Arbeiter wanderten in kleinen Gruppen lachend und plaudernd zum Hostel. Kein Verkehrslärm durchbrach die ländliche Stille. Die Abendsonne schien durch die alleeartige Baumreihe, die den Weg säumte. Beinahe hätten wir die Tatsache verdrängt, dass dieser lange Weg auch ein tägliches Mühsal bedeutet.

Das Hostel der Everite-Arbeiter bei Kapstadt präsentiert sich anders: Die Eingangskontrollen waren weniger rigoros. Kinder sprangen uns entgegen, als wir den abschüssigen Weg zum Hostel betraten. Vor den Häusern sassen die Leute beieinander und plauderten, wuschen oder kochten. Irgendwo stand eine alte Nähmaschine im Gras. In diesem Hostel wohnten sogar einige Frauen!

«Wir kämpften dafür, dass wir unser Leben selbst bestimmen können», sagt Bob nicht ohne Stolz, «und wir haben bereits einiges erreicht.» Wir erfahren von der Gruppe der Gewerkschafter, die sich hier versammelt hat, um uns Auskunft zu geben, dass noch vor ein paar Jahren die Situation eher schlechter als in Klipriver war. Die Kontrollen wurden sehr streng gehandhabt, und Frauen durften ihre Männer überhaupt nicht besuchen, nicht einmal tagsüber. Bob sagt: «Wir verhandelten mit Everite und konnten ein Arrangement treffen.» Schwangere oder kranke Frauen dürfen jetzt für höchstens drei Monate hier wohnen, aber es müssen «gewichtige Gründe» vorliegen, das heisst, sie haben schwerwiegende gesundheitliche Probleme oder Versorgungsschwierigkeiten geltend zu machen. Die Gewerkschaft kümmert sich intensiv darum, dass die Leute auch von ihrem Recht Gebrauch machen können. Sie führt noch heute die Verhandlungen in ihrem Namen. Trotzdem können nicht alle, die laut Vereinbarung das Recht hätten, hier vorübergehend zu wohnen, herkommen. Es hat zu wenig Platz. Die Firma hat das vorübergehende Wohnrecht von drei Monaten auf maximal 23 Besucherinnen beschränkt. Die Arbeiter behelfen sich, indem sie einen gerechten Turnus einrichten.

Die Durchsetzung des Rechtes auf derartige Besuche hat aber noch eine andere soziale Dimension: Everite bietet eine relativ fortschrittliche Krankenversicherung, die auch die Familienmitglieder einbezieht. Die Arbeiter müssen sich hälftig an der Prämie beteiligen. Doch die Familien der Wanderarbeiter können meistens von dieser Versicherung nicht profitieren, weil die Frauen und Kinder in den Homelands leben. Dort gibt es keine oder nur ungenügende medizinische Versorgung. Schon aus diesem Grund möchten die Arbeiter den Familiennachzug durchsetzen.

Bob sagt: «Wir werden weiter dafür kämpfen, dass die Familien hier leben können. Es muss Lösungen für die Zukunft geben.»

Und natürlich geht es in diesem Kampf um den Familiennachzug und die Lebensbedingungen in den Hostels nicht nur um einen materiellen Kampf. Es geht ebenso um die Würde und das Selbstbestimmungsrecht der Menschen, die hier arbeiten.

Das Beispiel zeigt, dass sich eine fortschrittliche Gewerkschaft in Südafrika nicht auf die «klassische Gewerkschaftsdomäne» beschränken kann, sondern dass sie zwangsläufig politisch sein muss. Denn die Sklavenhaltergesetze schaffen die Voraussetzung für die totale Ausbeutung der Arbeitskräfte – eine Art der Ausbeutung, die in andern kapitalistischen Ländern in diesem Masse nur möglich ist, wenn sie mit den Grundrechten in Konflikt gerät. «Wie ernst es einer Firma mit ihrem Bekenntnis zur Demokratie in Südafrika ist, lässt sich wohl am besten daraus ablesen, wie sie mit den scharfen Bestimmungen des Staates umgeht, welche die Bewegungsfreiheit, die Unterkunft und die Beschäftigungsaussichten der afrikanischen Arbeiter regeln», meint eine Gewerkschafterin.

Es gibt tatsächlich einige südafrikanische Unternehmen und einige ausländische Niederlassungen, die sich über menschenrechtswidrige Gesetze hinwegsetzen und eine nichtrassistische Politik verfolgen. Auch die Schweizer Firmen behaupten, zu ihnen zu gehören. Doch die meisten stellen sich auf den Standpunkt, dass sie die Gesetze des Landes respektieren, gleichzeitig profitieren sie aber von den Rahmenbedingungen des Apartheidsstaates.

Everite geht einen pragmatischen Weg: Als die Entstehung der Gewerkschaft in ihren Betrieben nicht mehr aufzuhalten war, hat sich Everite mit der Anwesenheit der COSATU-Gewerkschaft CAWU abgefunden und das Anerkennungsabkommen (damals mit der Transport and General Workers Union) abgeschlossen. In zähen Verhandlungen und harten Arbeitskämpfen konnten einige Verbesserungen erreicht werden. 1984 zum Beispiel streikten die Arbeiter wegen der Entlassung einer Vertrauensperson, 1988 streikten sie in Solidarität mit den Arbeitern im Betrieb Klipriver, welche die Entlassung eines weissen Aufsehers verlangten, der schwarze Arbeiter schlug. Obwohl beide Streiks nicht erfolgreich waren, bewirkten sie doch eine Änderung der Haltung gegenüber den afrikanischen Gewerkschaftern. Ein Streik 1987 gegen die Entlassung eines Arbeiters, welcher ungerechterweise schlechter Arbeit beschuldigt wurde, führte zu dessen Wiedereinstellung. Das sind nur ein paar wenige Beispiele.

In den beiden Faserzement-Werken Klipriver und Brackenfell konnten einige bescheidene Verbesserungen durchgesetzt werden: Neben der Lockerung des Besuchrechtes in den Hostels, dem Ausbau der Kantinen und der Renovierung der Toiletten, stimmte die Firma einer regelmässigen Abgabe von Schutzanzügen zu. Die Firma hat auch ihre Druckversuche gegen gewerkschaftlich organisierte Arbeiter aufgegeben. Trotzdem versucht die Direktion des Werkes Brackenfell, weisse und farbige Arbeiter von der Gewerkschaft fernzuhalten, indem sie ihnen Erleichterungen beim Hausbau verspricht, wenn sie nicht der Gewerkschaft beitreten.

Unergiebig sind die Gespräche mit den Gewerkschaften über die Überzeit: Auch bei Everite werden den Arbeitern hohe Überzeitleistungen abgerungen. Wegen der niedrigen Löhne sind die Arbeiter auf die Überzeitzuschläge angewiesen. Doch nicht selten dienen diese Überzeiten dazu, die Lagerbestände aufzufüllen, bevor Strukturbereinigungen vorgenommen werden, die später oft zu Arbeitsplatzverlusten führen.

Für die Everite-Arbeiter stellen die niederen Löhne wohl das grösste Problem dar. Obwohl diese Löhne in den letzten Jahren etwas angehoben wurden, droht die rasante Teuerung diesen Anstieg sofort wieder wettzumachen. In ihren Lohnangeboten hebt die Firma die Löhne der qualifizierten Arbeiter systematisch stärker an als diejenigen der Hilfsarbeitskräfte. Das ist für die Gewerkschaft nicht akzeptabel, weil sich die meisten Löhne unter den von COSATU und anderen berechneten Minimumsgrenzen befinden. Dabei verweist sie immer wieder auf die Mindestlohnkampagne, die COSATU vor einigen Jahren lanciert hat.

Asbest – ein zusätzliches Problem

An einem Meeting der Everite-Arbeiter fiel uns ein junger Mann auf. Er stand etwas abseits und beteiligte sich nicht an der Diskussion. Er war erschreckend mager, seine Haltung leicht vorgebeugt. Er hatte offensichtlich Mühe, sich auf den Beinen zu halten. Doch das Gespräch mit dem Gewerkschaftssekretär, auf den er wartete, schien ihm die Anstrengung wert zu sein. Ein Tuberkulosekranker – dachte ich im ersten Moment. Doch Mark, der Sekretär, sagte mir später, der junge Mann leide an Asbestose und habe die Gewerkschaft um Hilfe gebeten.

Tatsächlich zeigt diese Krankheit ähnliche Symptome wie die Lungentuberkulose. Die Asbestose tritt vor allem als asbestbedingte Berufskrankheit auf. Sie entsteht durch das jahrelange Einatmen grösserer Mengen feinsten Asbeststaubes. Dadurch kann eine Bindegewebsvermehrung in der Lunge (interstitielle Lungenfibrose) entstehen, die zu Lungenfunktionsstörungen und vor allem zu Atemnot führt. Die Krankheit beeinträchtigt das allgemeine Wohlbefinden der betroffenen Patienten in zunehmendem Masse. Bei schweren Fällen oder im fortgeschrittenen Stadium führt Asbestose zur teilweisen oder zur vollständigen Invalidität. An Asbestose leidende Patienten erkranken wesentlich häufiger an Lungenkrebs als die übrige Bevölkerung. Zu den asbestbedingten Krankheiten gehört auch das Risiko von bösartigen Tumoren im Brustfell oder im Bauchfell. Diese Krankheit, auf die wir hier nicht näher eingehen können, verläuft in den meisten Fällen tödlich.

Die Vermutung, dass Leute, die lange Zeit mit Asbeststaub in Berührung kommen, an Bindegewebsvermehrung in den Lungen erkranken können, wurde bereits zu Beginn dieses Jahrhunderts geäussert. Anfang der dreissiger Jahre wurde dieser Verdacht erhärtet und die Erkrankung als Asbestose bezeichnet. Die SUVA hat 1939 erstmals die Asbestose als Berufskrankheit anerkannt. Erst nach 1960 traten diese Zusammenhänge aber ins öffentliche Bewusstsein, weil damals in Mitteleuropa ein rasanter Anstieg dieser Berufskrankheit zu verzeichnen war. Als Antwort darauf wurden in vielen Industrien, die Asbest verarbeiten, technische

Schutzmassnahmen getroffen, um die Staubimmissionen zu verringern. Doch in den Achtzigerjahren flammte die Diskussion über Asbest in der Öffentlichkeit wieder auf, als bekannt wurde, dass altgewordene Spritzasbestbeläge ebenfalls zu schweren Asbeststaub-Verunreinigungen führen können. Spritzasbest wurde vor allem für Decken- und Wandbeläge verwendet. Betroffen fühlten sich jetzt auch Konsumenten, in diesem Falle die Bewohner oder Benützer von Räumen, die mit asbesthaltigem Baumaterial ausgestattet waren. Die Öffentlichkeit forderte das Verbot von Asbest, Bewohnerinnen und Bewohner von Häusern mit Eternit-Fassaden verweigerten die Mietzinszahlungen, Architekten wichen auf andere Baustoffe aus. Eternit geriet in Absatzschwierigkeiten.

Bevor die gesundheitlichen Gefahren von Asbest erkannt wurden, stand diese Faser, die als Baustoff oder als Bauzusatzstoff Verwendung fand, in hohem Ansehen. Asbestfasern haben ganz besondere Eigenschaften: Elastizität, Zugfestigkeit, Hitzebeständigkeit, sowie eine hohe Widerstandsfähigkeit gegenüber chemischen Einflüssen, Fäulnis und Korrosion. Deshalb wird dieser Werkstoff in heiklen Bereichen eingesetzt, etwa im Aussenbereich von Bauten oder in Gärten und Anlagen. Blumenkistchen aus Asbest zum Beispiel, die «Eternit» so populär machten, sind allgemein bekannt. Wegen ihrer nützlichen Eigenschaften wird die Faser auch vielen Baumaterialien beigemischt. Das erklärt, weshalb sich der umstrittene Baustoff trotz aller Risiken immer noch verkaufen lässt. Die anhaltende Kontroverse lässt die Asbesthersteller jedoch schwerwiegende Absatzeinbussen befürchten.

Stephan Schmidheiny, der 1975 die Schweizerische Eternit AG von seinem Vater übernahm, investierte vordringlich in die Ersatzforschung, weil er es für ökonomisch unumgänglich hielt, längerfristig auf asbestfreie Produktion umzustellen. Von diesen Überlegungen unberührt blieb damals die Tochtergesellschaft Everite. Das hat wiederum mit der südafrikanischen Situation zu tun. Neben der UDSSR und Kanada gehört Südafrika zu den weltweit grössten Asbestlieferanten. Die Gewinnung und Verarbeitung von Asbestfasern ist in diesem Land kein unbedeutender Wirtschaftszweig. Die Everite beteiligt sich zwar selbst nicht am

Abbau; sie bezieht die mineralische Faser von den südafrikanischen Minen. Beinahe überflüssig zu erwähnen, dass sich in den Minen das Problem der asbestbedingten Berufskrankheiten verschärft stellt. Im Chor der gesamten Asbest-Branche versuchte Everite das Problem vorerst zu verdrängen.

Noch 1978, als Schmidheinys Forschungs-Team in der Schweiz bereits die erste asbestfreie Platte produzierte, wurde in Südafrika ein Bericht von Leslie Irwing und Hannes Botha unterdrückt, weil er bestätigte, dass Arbeiter in Asbestminen und Menschen, die in der Nähe der Minen wohnen, überdurchschnittlich häufig an Krebs starben. Laut dem englischen Wissenschaftsmagazin «New Scientist», das die Geschichte aufdeckte, erhielt Fritz Baunach, Mitglied des Beratergremiums des staatlichen South African Medical Reserarch Council, von diesen Untersuchungsergebnissen vorzeitig Kenntnis und veranlasste eine Gegenstudie. In dieser Studie wurde empfohlen, bei künftigen Forschungen das Asbestrisiko zu vernachlässigen, denn derartige epidemologische Studien seien zu schwierig. Die Veröffentlichung der Ergebnisse der Studie von Irwing und Botha wurde verhindert. Baunach war Gesundheitsberater der Asbestminengesellschaft und hatte das gleiche Amt bei der Asbestos Investment und bei einer der 12 dazugehörenden Minen inne. Die Asbestos Investment wurde bis 1981, als die Asbestförderung wegen weltweit sinkender Nachfrage zunehmend unrentabler wurde, von der Schweizerischen Eternit kontrolliert. Die internationale Besorgnis über die Asbestgefahr sei nichts weiter, meinte Baunach, als «eine Kampagne der deutschen Gewerkschaften zur Abschaffung des Privateigentums und der Einführung der Selbstverwaltung».

Die Everite stellte sich erst ab Beginn der Achtzigerjahre auf die Asbestproblematik ein. Seit 1982 verbesserte sie die Staubkontrollausrüstungen. Unlängst gab sie bekannt, dass die internationalen Richtwerte über die Faserkonzentration eingehalten würden. Die Messungen können aber nach Angaben der Industrial Health Research Group (IHRG) der Universität Kapstadt – die Gruppe befasst sich mit Gesundheit und Sicherheit am Arbeitsplatz – von Gewerkschaft und Arbeitern nicht eingesehen werden.

Erst Mitte der Achtzigerjahre begann auch die südafrikanische Regierung, vermehrt ihre Verantwortung in diesem Bereich wahrzunehmen. Allerdings hinken die gesetzlichen Vorschriften in Südafrika noch weit hinter denjenigen anderer Industrieländer nach, insbesondere auch was den Schutz der Arbeitnehmer betrifft.

Unter diesen Umständen wird klar, dass auch die Arbeiter die Zusammenhänge zwischen Asbest und möglichen Erkrankungen nicht erkannten. Als wir die Everite-Gewerkschafter darauf ansprachen, berichteten sie von einem schwierigen Bewusstseinsprozess: «Vor der Gewerkschaftsgründung wusste die Arbeiterschaft überhaupt nicht Bescheid. Einige Leute wurden einfach krank. Und allgemein wurde angenommen, dass sie an TB litten würden.» Diese Ansicht teilte damals übrigens auch die Firmenleitung. «So ist es also schwer für uns zu sagen», meinte ein Vertrauensmann, «wie viele von uns wirklich von der Krankheit betroffen sind.» Die Gewerkschaft schätzt, dass seit 1984 in der Fabrik Brackenfell mindestens 100 Personen durch Asbest geschädigt wurden. «Es gibt viele Arbeiter hier, die sich krank fühlen oder einfach nicht mehr fit sind. Solche Befindlichkeiten lassen sich sehr wohl von vorübergehenden Unpässlichkeiten unterscheiden, besonders wenn sie seit längerer Zeit andauern.» Die Everite-Arbeiter sind sich aber der Tatsache bewusst, dass sie selbst keine abschliessende Beurteilung vornehmen können. «Wer aber entscheidet darüber, wer von uns wirklich krank ist?» fragt einer unserer Gesprächspartner provokativ. Seit das Asbestproblem in der Öffentlichkeit diskutiert wird, werden die Arbeiter in der Firma vermehrt untersucht. Doch die Fabrikärzte, die diese Aufgabe wahrnehmen, müssen den Betroffenen die Untersuchungsergebnisse nicht bekannt geben. Ein Everite-Arbeiter doppelt nach: «Die Firma hält alle gesundheitlichen Untersuchungen geheim, obwohl sich die Arbeiter diesen Untersuchungen unterziehen müssen, wenn sie angeordnet werden. Sie setzen alle diese Apparate auf unseren Körper, aber keiner hat je die Resultate erfahren.»

Die Fabrikärzte bestimmen das Ausmass der Krankheit, und ihre prozentuelle Beurteilung bestimmt wiederum den Anspruch auf Entschädigung oder gar Rente. In diesem Zusammenhang muss erwähnt werden, dass die Schädigungen, die durch die Asbestfasern hervorgerufen werden, meistens nicht mehr rückgängig zu machen sind. Laut den einschlägigen arbeitsmedizinischen Untersuchungen bleibt die Krankheit jedoch stationär, wenn der Patient nicht mehr in Kontakt mit Asbestfasern kommt.

Auch auf dem Gebiet des Versicherungsschutzes gegen Berufskrankheiten sind die gesetzlichen Vorschriften in Südafrika ungenügend. 1984 kündigte Everite einen eigenen Kompensationsplan an: Alle von der staatlichen Workmen's Compensation Commission als asbestgeschädigt anerkannten Arbeiter konnten sich demzufolge frühzeitig pensionieren lassen und erhielten von der Firma bis ins reguläre Pensionsalter den Betrag, der zusammen mit der staatlichen Rente ihrem früheren Lohn entsprach. 1985 aber änderte der Staat die Abfindungsregelung für Arbeiterinnen und Arbeiter, die nicht mehr als zwanzig Prozent beeinträchtigt sind. Diese erhalten eine einmalige Abfindung von 5000–6000 Rand. Als Reaktion auf diese Neuregelung verzichtet Everite nun ebenfalls darauf, diesen Kranken – sie sind unter den Asbestgeschädigten in der überwiegenden Mehrheit – eine Rente auszurichten. Die meisten von ihnen sind deshalb gezwungen weiterzuarbeiten, was ihr Risiko, noch kranker zu werden, stark erhöht. Die CAWU kämpft jetzt darum, mit der Everite bessere Kompensationsbedingungen auszuhandeln. Sie will durchsetzen, dass asbestgeschädigte Arbeiterinnen und Arbeiter ausreichende Abfindungen erhalten, um mit der gesundheitsgefährdenden Arbeit aufhören zu können.

Die Gewerkschaft hat in einem Vertrag mit der Firma wenigstens durchgesetzt, dass betroffene Arbeiter eigene Ärzte konsultieren können, um das Untersuchungsergebnis der Fabrikärzte zu erhärten. Aber auch die Privatärzte haben keinen Einblick in die Krankengeschichte, die von den Fabrikärzten angelegt wird. Die Forderung der Gewerkschaft in diesem Bereich ist klar: Sie verlangt die Offenlegung aller Untersuchungsergebnisse, denn die Gewerkschaft will alle Kranken selbst registrieren. Bedenklich ist, dass die Gewerkschaften in diesen gesundheitlichen Fragen keine Unterstützung vom Staat haben. Von dieser Seite gibt es weder Druck auf die Firma noch entsprechende Kontrollen.

Die Asbest-Problematik ist ein weites Feld, das sehr viel detaillierte Kenntnisse voraussetzt. Die Gewerkschaft ist sich dessen bewusst, auch wenn sie anerkennt, wie unsere Gesprächspartner betonten, dass die Firma in diesem Bereich für grundsätzliche Gespräche offen sei. Die Beurteilung der von der Firmenleitung zugänglich gemachten Informationen ist indessen nicht einfach.

Nach ihren eigenen Verlautbarungen will die schweizerische Eternit AG bis in die frühen Neunzigerjahre Asbest im ganzen Konzern substituieren. In Südafrika wurde damit bereits begonnen. Ausschlaggebend für diese Politik sind hier vor allem die Kosten, die eine als sicher erachtete Asbestverarbeitung verursachen. Die Umstellung auf Ersatzfasern – zum Beispiel Zellulose – ist nach Auffassung der Firma nicht immer rentabel. Im Sommer 1989 schloss Everite ihr Zweigwerk in East London, weil die Umstellung auf Ersatzstoffe zu teuer und die Entlassung der Arbeiter billiger war: Den 230 Beschäftigten bot sie je nach Anstellungsdauer Entschädigungen von einigen tausend bis 30000 Rand.

Die Gewerkschaft ist also in einer schwierigen Situation: Einesteils ist sie von den Massenentlassungen, die auch im Zusammenhang mit der Substitution von Asbest stehen, betroffen. Andererseits muss sie für den besseren gesundheitlichen Schutz der Arbeiter kämpfen. Diesen Schutz versuchte die zuständige Gewerkschaft CAWU mit einem umfassenden Abkommen über Gesundheit und Sicherheit am Arbeitsplatz zu erreichen. Dieses Abkommen wurde umgehend vom britischen Faserzementproduzenten Turnell unterzeichnet, bei dessen Übernahme durch Everite allerdings wieder sistiert. Bis heute erreichte CAWU von Everite noch keine Unterschrift. Die Verhandlungen darüber rükken immer wieder in den Hintergrund.

Teilen und herrschen

In Südafrika tätige Schweizer Firmen behaupten gerne von sich, dass sie vorbildliche Arbeitgeber seien. Das ist nicht der Fall. Aber es gibt Unterschiede, sowohl was die Löhne und Sozialleistungen, wie das Verhältnis zu den Gewerkschaften und das gesamte Klima in den Betrieben betrifft. Einige bieten Leistungen, die für südafrikanische Verhältnisse überdurchschnittlich sind, andere hingegen schneiden selbst in diesem Vergleich schlecht ab. Dazu gehört die BBT (Brown Boveri Technologies Pty. Ltd.), die eine Tochtergesellschaft der BBC war und vor der Fusion mit dem schwedischen Konzern Asea auf den Namen Brown Boveri South Africa lautete. Diese Firma blieb von der Fusion mit der Asea zur ABB ausgenommen und wurde in Brown Boveri Technologies umbenannt.

Die Gewerkschafter sind über diese Firmenumbenennungen, respektive über die neue Verteilung der Anteile beunruhigt. Umso mehr, als die Firma jegliche nähere Auskunft verweigert. Sie kaufen dem Management auch die Behauptung nicht ab, die Firma sei völlig eigenständig und unabhängig vom ABB-Konzern. Es gibt in der Nähe der Fabrik andere ABB-Betriebsstätten. Management und Büropersonal der BBT gehen dort regelmässig ein und aus und pflegen intensive Kontakte. Die Gewerkschafter glauben deshalb, dass diese Scheinunabhängigkeit ein Vorwand ist, um die organisierte Arbeiterschaft am gemeinsamen Vorgehen zu hindern. So wurden zum Beispiel kürzlich andere Lunch-Zeiten eingeführt, damit die Arbeiterschaft der verschiedenen Betriebe keine Kontaktmöglichkeiten zueinander hat, wie die Gewerkschaft vermutet. Mit ihrer Quasi-Unabhängigkeitserklärung versucht die Firma möglicherweise auch, sich dem internationalen Druck – vor allem dem Druck der schwedischen Öffentlichkeit – zu entziehen.

Die BBT-Alrode ist gewerkschaftlich nicht gut organisiert, wie der Gewerkschaftssekretär und die Vertrauensleute, mit denen wir sprachen, offen zugaben. Das mag mit der aussergewöhnlichen Struktur dieser Firma zusammenhängen, vor allem aber mit ihrer jahrelangen rassistischen Politik. Während noch bis Anfang der Achtzigerjahre viele schwarze Arbeiter bei der BBT beschäftigt waren, sind es heute zunehmend Farbige und Asiaten, die die besser qualifizierte Arbeit verrichten, und schwarze Frauen, die für die Hilfsarbeiten eingesetzt werden. Von den heute 200 Arbeitskräften sind die Hälfte Afrikanerinnen und Afrikaner, die andere Hälfte zu gleichen Teilen Farbige, Asiaten und Weisse. Das gesamte Management und alle Vorarbeiter sind weisser Hautfarbe. Die farbigen und asiatischen Arbeiter wurden nach und nach für die besseren Jobs ausgebildet; nie wurde jedoch ein schwarzer Arbeiter berücksichtigt. Mit zunehmender Automatisierung und Rationalisierung hat das Management die Arbeiterschaft ausgewechselt. Unter dem Vorwand der verschlechterten Auftragslage wurden in den Jahren 1984, 1985 und 1986 mehr als zwanzig schwarze Arbeiter entlassen. Die Betroffenen waren ältere Arbeiter, die zum Teil schon sechs und mehr Jahre bei der Firma angestellt waren. «Diese Arbeiter hat man einfach als Wegwerfartikel behandelt», sagt Joshua, einer der Vertrauensleute. «Und die Firma denkt gar nicht daran, diese Arbeiter in besseren Zeiten wieder einzustellen.» Niemand glaubt übrigens, dass es in der Firma schlechte Zeiten oder gar Engpässe gegeben hat, denn während diese Entlassungen vorgenommen wurden, mussten in den betroffenen Abteilungen viele Überstunden geleistet werden.

Vielmehr schien es der Firma mit diesen Entlassungen um eine Umstrukturierung der Arbeiterschaft zu gehen. Seitdem die unabhängigen Gewerkschaften wieder zugelassen sind, versuchte die Firmenleitung das Personal von «unruhigen Elementen» und möglichen zukünftigen Gewerkschaftern zu «säubern». Die qualifizierten farbigen und asiatischen Arbeiter wurden individuell etwas besser bezahlt; sie sollen eine Kaste für sich bilden. In den «weissen» Abteilungen werden schwarze Arbeiter ferngehalten respektive eliminiert. Der einzige Afrikaner in einer weissen Abteilung wurde zum Beispiel vor zwei Jahren wegen einer Bagatelle entlassen, obwohl er acht Jahre bei der Firma angestellt war. Als die Vertrauensleute der NUMSA (National Union of Metalworkers of South Africa) intervenierten, hiess es, der Mann sei zu wenig «kultiviert» für diese Abteilung. Im Frühjahr 1989 wurde ein afrikanischer Arbeiter durch einen Asiaten ersetzt. Auch hier intervenierte die Gewerkschaft erfolglos. Der zuständige Vorarbeiter sagte sogar: «Bis Ende Dezember sind alle Schwarzen rausgeflogen; mit euch hat man zu viel Ärger!»

Nun kann die Firma auch nach Rationalisierung und Automatisierung nicht auf Hilfskräfte verzichten. Sie hat sich indessen – vor allem für die Spulenwickel-Abteilung – auf Frauen verlegt. Auch hier scheint eine personalpolitisch-rassistische Überlegung dahinterzustecken, denn die Frauen sind nicht schlechter bezahlt, sondern verdienen sogar etwas mehr als ihre männlichen schwarzen Kollegen. Sie sind aber total manipulierbar, weil es ausnahmslos junge Wanderarbeiterinnen aus der Transkei sind, deren Familien weit weg wohnen. Die Frauen können daher oft auch übers Wochenende nicht zur ihren Familien fahren. Als alleinstehende Frauen sind sie ohnehin in einer schwierigen Lage, umso mehr als sich die Firma nur ungenügend um ihre Unterbringung kümmert. Nicht in allen Townships gibt es Wohnmöglichkeiten für Frauen; die Hostels sind oft den Männern vorbehalten. Viele dieser Arbeiterinnen leben daher in selbstgebauten Hütten irgendwo im Busch oder in behelfsmässigen Gemeinschaftsunterkünften. Es ist ein trostloses Leben, das diese Frauen führen, und so kann es nicht verwundern, dass viele von ihnen noch so gerne bereit sind, Überzeit zu leisten. Oft legen sie den Zusatzverdienst auf die Seite in der Hoffnung, mit dem Ersparten eine bessere Existenz zu finden. Doch die Überzeitleistungen, die diesen Frauen abverlangt werden, spotten jeglicher Beschreibung: Sie werden unter anderem dazu animiert, mindestens einmal in der Woche Doppelschicht zu arbeiten. Diese Schicht beginnt um 7 Uhr in der Frühe und endet am andern Morgen um 5 Uhr! Oft werden diese Doppelschichten auf Donnerstag gelegt. Am Freitagmorgen ist Zahltag, und so arbeiten viele noch bis 11 Uhr morgens «freiwillig» weiter.

«Doch wir sind uns da nicht so sicher, ob die Überzeiten auch wirklich freiwillig geleistet werden», sagt Albert, unser zweiter Gesprächspartner, «oder ob die Frauen nicht eingeschüchtert und bedroht werden.» Ausserdem ziehen es die Frauen vor, eine ganze Nacht Überzeit zu leisten, weil sie Angst haben, nachts nach Hause zu gehen, denn Transportmöglichkeiten bietet die Firma nicht an, und das nächste Township liegt dreissig Gehminuten von der Fabrik entfernt.

Die Frauen lassen sich auch einschüchtern, wenn es um den Gewerkschaftsbeitritt geht. Das Management der BBT benimmt sich äusserst gewerkschaftsfeindlich. Als die Arbeiter sich nach der ersten Entlassungswelle bei der NUMSA organisierten, tauchte ein Vertreter der Firmenzentrale in der Fabrik auf. Er liess alle Arbeiterinnen und Arbeiter einzeln zu sich rufen und drohte ihnen mit Entlassung, wenn sie der Gewerkschaft beiträten.

Die Aktivisten der Gewerkschaft sind tatsächlich bedroht. Sie werden schikaniert, das heisst sie werden ständig überwacht und beobachtet, ihre Telefongespräche abgehört. Wenn zwei Gewerkschafter miteinander sprechen, werden sie auf der Stelle getrennt mit der Aufforderung, ihre Wege zu gehen, und selbstredend dürfen sie in der Fabrik keine gewerkschaftlichen Treffen abhalten. Albert sagt: «Wenn wir uns für einen Kollegen einsetzen, der sich ungerecht behandelt fühlt, dann droht man auch uns sofort mit Entlassung!» Die Firma sagt auch, sie verhandle nicht mit der NUMSA, oder nur, wenn es ihr passt; sie brauche die Vermittlung der Gewerkschaft nicht.

Unsere beiden Gesprächspartner sind keine jugendlichen Hitzköpfe, sondern bestandene Familienväter. Es lässt sich leicht abschätzen, dass sie sich in einer spannungsgeladenen Situation befinden und dass sie auch selber ständig dem Druck widerstehen müssen, denn die Drohung ist offensichtlich, und sie sagen, der Firma sei jeder Anlass recht, um wieder einen COSATU-Gewerkschafter loszuwerden: «Das Management ist eine grosse, stille, gewalttätige Hand, und wenn diese Stille durchbrochen wird, fliegen wieder Arbeiter raus...»

Frauen-Alltag

In den meisten Branchengewerkschaften sind die Männer in der Überzahl. In manchen Branchen gibt es im Produktionsbereich überhaupt nur Arbeiter, und die Frauen sind höchstens in der Verpackungsabteilung oder in der Spedition beschäftigt. Im Bürobereich sind Afrikanerinnen äusserst selten. Bei Nestlé zum Beispiel arbeiten einige wenige schwarze oder «farbige» Frauen im Büro. Ein einziges Mal wurde dort eine schwarze Frau für die Arbeit am Computer ausgebildet. Es sind also die äusseren Umstände, die das Bild der Gewerkschaften als Männerdomäne prägen. Für Schwarze ist die Arbeitsplatzsituation ohnehin schlecht, die Zahl der Arbeitslosen steigt weiter an. Viele Frauen leben mit ihren Familien in den Homelands. In den weissen Gebieten haben schwarze Frauen als Hausangestellte noch die besten Aussichten, eine Beschäftigung zu finden. Frauenarbeitsplätze gibt es auch im Verkauf oder in der Lebensmittelbranche. Aber auch dort sind Frauen noch immer in der Minderheit. Trotzdem trafen wir einige organisierte Frauen, die sich aktiv an der Gewerkschaftsarbeit beteiligen. In den Gewerkschaftszentralen arbeiten viele Frauen, darunter auch einige farbige und weisse. Diese Gewerkschafterinnen bemühen sich oft, der speziellen Situation der berufstätigen Frauen gerecht zu werden. Doch die Frauenfrage wird in den Gewerkschaften wenig diskutiert. Im täglichen Kampf gegen Unterdrückung und Ausbeutung werden die Prioritäten anders gesetzt.

In jüngster Zeit ist es verschiedentlich zu Auseinandersetzungen zwischen den Gewerkschaftsfrauen – oder einzelnen Gewerkschafterinnen feministischer Richtung – und ihren männlichen Kollegen gekommen. Diese Frauen beklagen unter anderem, dass sie in den Führungsgremien zu wenig vertreten sind, und dass die Gewerkschaft keine Rücksicht auf die besonders schlechte Lage der Frauen nehme. In der Tat müssen – auch in Südafrika – die Frauen meistens mit den am schlechtesten bezahlten Arbeitsplätzen vorlieb nehmen. Das gilt im besonderen Masse für schwarze Frauen. Bei den heutigen Einkommensverhältnissen sind aber die meisten afrikanischen Frauen gezwungen, einer Erwerbsarbeit nachzugehen, ganz abgesehen davon, dass die Vorstellung vom Mann als Familienernährer auch nicht in die afrikanische Tradition passt. In den Homelands haben die Frauen praktisch keine Möglichkeit, einer Erwerbsarbeit nachzugehen. Sie versorgen die Kinder, betreuen ältere Familienmitglieder und rackern sich mit dem kargen Boden ab. Weil das aber kaum fürs Überleben reicht, wandern einige dieser Frauen – auch Ehefrauen von Wanderarbeitern – in die Städte ab. Sie bilden zusammen mit den Frauen aus den Townships das schier unerschöpfliche Reservoir der Arbeitskräfte für die Haushaltungen der privilegierten Weissen.

In Südafrika gibt es etwa zwei Millionen Hausangestellte. Inbegriffen in dieser Zahl ist das Reinigungspersonal. Aber es sind bei weitem nicht nur Frauen, die in diesem Bereich arbeiten. Es gibt auch Männer, die im Reinigungsdienst oder als Gärtner oder «Care-taker» – eine Art Hauswart – ihren Lebensunterhalt verdienen. Nach südafrikanischer Rechtsauffassung sind diese Leute allerdings keine ordentlichen Arbeitnehmer, selbst wenn sie vollamtlich beschäftigt sind. Und nach dem Gesetz dürften sich diese Arbeiterinnen und Arbeiter auch gar nicht gewerkschaftlich organisieren. Trotzdem gibt es die SADWU (South African Domestic Workers Union), die ebenfalls dem grossen Gewerkschaftsbund COSATU angeschlossen ist. Es sind schwierige Bedingungen, unter denen die gewerkschaftliche Arbeit geleistet werden muss. Die SADWU hat zwar 50 000 eingetragene Mitglieder, davon sind aber nur 16 000 Vollmitglieder. Viele Hausangestellte sind nicht in der Lage, den ordentlichen Gewerkschaftsbeitrag von 1.50 Rand im Monat zu bezahlen. Sie erhalten deshalb eine Reduktion des Beitrages auf minimal 7.50 Rand im Jahr. Daher verfügt die Gewerkschaft auch nicht über grosse finanzielle Mittel.

Das Johannesburger Büro der SADWU ist sehr einfach eingerichtet und nur mit den minimalsten Hilfsmitteln ausgestattet. Es dient auch noch als Versammlungsraum für die organisierten Hausangestellten. Hier finden die Mitgliederversammlungen, die Vertrauensleutetreffen und auch einfache Bildungsveranstaltungen statt. Luisa ist Bildungsverantwortliche der SADWU. Sie erzählt uns, dass viele der Gewerkschafterinnen weder lesen noch schreiben können.

Unkonventionell sind die Methoden der gewerkschaftlichen Bildung und Werbung: Gerade weil viele Hausangestellte nicht lesen können, wird für Gewerkschaftsaktionen mit einfachen, aber eindrücklichen Comics geworben. Neue Mitglieder finden die Hausangestellten-Gewerkschaften vornehmlich auf der Strasse, weil es ja offiziell diese Gewerkschaften nicht geben dürfte und ihnen also auch die normalen Werbemöglichkeiten verschlossen sind. Lilly, eine der Hauptverantwortlichen der SADWU, meint, diese Art Werbung sei sehr effizient. Die Hausangestellten kennt man von weitem an ihren uniformen blauen Schürzen. Beim Einkaufen oder beim Kinderhüten gäbe es genügend Möglichkeiten, miteinander ins Gespräch zu kommen. So wächst die Gewerkschaft rasch. Der chronische Finanzmangel wird etwas aufgefangen durch den Erlös von Handarbeiten, die die Gewerkschafterinnen nebenher anfertigen und verkaufen.

Die Arbeitsbedingungen der Hausangestellten sind alles andere als rosig. Es gibt keine allgemeingültigen Richtlinien oder gar Gesamtarbeitsverträge. In den Städten verdient eine Hausangestellte im besten Falle 350 Rand im Monat – bei einer Arbeitszeit, die normalerweise 60 Stunden die Woche beträgt. Die Arbeitgeberinnen und Arbeitgeber rechtfertigen diese Löhne mit dem Hinweis, dass den Hausangestellten ja Unterkunft, Wasser und Elektrizität zur Verfügung gestellt würden. Auch festangestellte Hausangestellte leben übrigens nie in den Häusern ihrer Arbeitgeber. Ihnen wird ein Zimmer oder eine Unterkunft im Garten angewiesen, meistens ein bescheidener Anbau hinter der Garage. Dort müssen sie auch ihre eigenen Mahlzeiten zubereiten, weil sie nicht mit den Familien essen. Oft bezahlen sie die Lebensmittel – oder einen Teil davon – für ihren persönlichen Bedarf aus eigenem Sack. Viele Frauen machen aber von diesen Unterkunftsmöglichkeiten keinen Gebrauch, weil sie ihre Familien in den Townships zu versorgen haben. Hilfskräfte in den privaten Haushaltungen sind nicht immer die ledigen «Hausmädchen» nach mitteleuropäischen Vorstellungen, sondern es sind oft ältere Frauen mit eigenen Kindern oder gar Grossmütter. Frauen, die selbst eine Familie zu betreuen haben, sind angesichts der langen Arbeitszeiten einer ungeheuren Doppelbelastung ausgesetzt.

Zur Kategorie der Hausangestellten gehören auch jene Frauen

und Männer, die Büros reinigen oder sich stunden- oder tageweise als Gärtner oder Wäscherinnen anbieten. Der überwiegende Teil der Hausangestellten arbeitet allerdings als Dienstmädchen vollzeitlich in Haushalten. Sie verrichten alle anfallenden Hausarbeiten und es kommt nicht selten vor – so erzählen uns die Frauen von der Hausangestelltengewerkschaft – dass ihnen die Arbeitgeber oder Arbeitgeberinnen noch zusätzliche Arbeit aufbürden. So gibt es Frauen, die zum Beispiel noch Handarbeiten für ihre Arbeitgeberinnen machen. Eine Frau zum Beispiel steckt regelmässig Blumenarrangements für die Kundschaft ihrer Arbeitgeber. Vom Erlös erhält sie aber keinen Cent. Viele Hausangestellte betreuen auch die kleinen Kinder ihrer Herrschaft, derweil ihre eigenen Kinder von Verwandten und Bekannten in den Townships versorgt werden müssen oder gar bei den Grosseltern in den Homelands leben. Es gehört zum Grotesken dieser Gesellschaft, dass viele weisse Kinder eine innige Beziehung zu ihrer schwarzen Kinderfrau haben, aber später als Erwachsene trotzdem rassistische Ideen vertreten.

In einer besseren Situation befinden sich jene Frauen, die in Dienstleistungsbetrieben oder in der Industrie Arbeit gefunden haben. Ihr Leben ist zwar keineswegs einfacher als dasjenige der Hausangestellten, aber sie besitzen ein grösseres Mass an Selbstbestimmung und vor allem verdienen sie besser. In Kapstadt hatten wir Gelegenheit, mit drei Gewerkschafterinnen der FAWU (Food and Allied Workers Union) über ihre Lebensbedingungen zu sprechen.

Betty ist über 45 Jahre alt. Sie arbeitet in einer Ice-Factory – einer Tiefkühlfirma. Diese Fabrik beschäftigt etwa 200 Personen. Davon sind viele gewerkschaftlich organisiert und Betty ist ihre gewählte Vertrauensfrau. In ihrer Fabrik gilt das Prinzip des gleichen Lohnes für gleiche Arbeit; es gibt keine lohnmässigen Unterschiede zwischen Männern und Frauen. Betty verdient deshalb mit 669 Rand im Monat mehr als ihr Mann, der als Hilfskraft im Spital arbeitet und nur 579 Rand im Monat erhält. Dieser niedrige Lohn wird etwas gemildert durch den Umstand, dass das Spital seinen Angestellten beim Hauskauf grosszügige Bedingungen anbietet. So konnte Bettys Mann kürzlich ein Haus in einem Township kaufen, das vom Spital vollumfänglich und zu günstigen Zinsen belehnt wird. Sie müssen nur vierzig Rand Miete im Monat bezahlen und sind auch nicht gezwungen, Abzahlungen zu leisten. De facto gehört das Haus also dem Spital. Wenn ihr Mann aber seine Stelle beim Spital verliert oder aufgibt, muss er das Kapital zurückzahlen, falls sie im Haus bleiben möchten.

Allerdings entspricht eine derartige Liegenschaft nicht unseren Vorstellungen vom Eigenheim. Nach Bettys Beschreibung ist das Haus äusserst bescheiden. Es besitzt keinerlei Innenausstattung sondern lediglich die nötigen Anschlüsse. Sanitäre Einrichtungen wie WC, Dusche, Spülstein oder auch Kochherd müssen sie nach und nach selber anschaffen. Neben dem Mietzins bezahlen sie dreissig Rand «Servicecharges», eine Art Anschlusssteuer, im Monat. Darin inbegriffen ist das Wasser. Strom muss extra bezahlt werden.

Natürlich haben sie kein eigenes Transportmittel. Sie müssen beide mit dem Bus zur Arbeit fahren. Diese Transportkosten belasten zusätzlich ihr Budget.

Zu zweit erreichen sie ein Einkommen, das einem anständigen Lohn für einen schwarzen Arbeiter entspricht. Trotzdem kämpfen sie mit grossen finanziellen Problemen. Betty und ihr Mann haben fünf Kinder. Die drei jüngeren Kinder leben bei ihnen, die beiden älteren Kinder sind im Homeland Transkei bei ihren Grosseltern untergebracht. Sie gehen dort in die weiterführenden Schulen. Betty muss nicht nur die Grosseltern finanziell unterstützen, sondern auch das Schulgeld in der Transkei bezahlen und die Lehrmittel und die Kosten für den Unterhalt ihrer Kinder berappen. Die Lebenskosten sind in der Transkei eher höher als in Kapstadt, sagt Betty. Ihre beiden älteren Kinder sieht sie selten. Auch das scheitert an den Finanzen, denn die Busreise kostet allein schon 140 Rand.

So bleibt der Familie nicht viel zum Leben übrig. Betty gibt etwa 200 Rand für Lebensmittel aus. Das Fleisch ist nicht inbegriffen, betont sie. Das gehört zu den Extraausgaben, weil es selten Fleisch zum Essen gibt.

Esther und Rita – unsere anderen beiden Gesprächspartnerinnen – bestätigen, dass sie ein vergleichbares Budget haben und sagen: «Am Schluss bezahlst du und bezahlst du. Und es bleibt dir

Zum Beispiel: arbeitslos

Auf dem eiskalten Pflaster von Zentral-Durban lebt eine Gemeinschaft von Frauen. Sie arbeiten dort, gebären und sterben. Ihr einziger Schutz ist eine Kartonschachtel, die sie aus dem Abfall sammeln. Während dieses kalten Winterwetters rücken sie näher zusammen, schnüren ihre Plastiksäcke, in die sie sich zum Schutz vor der Kälte eingewickelt haben, enger und beten, dass es in der Nacht nicht regnet. Numbuso Mkhize (55), welche von Umbumbulu kommt, lebt seit drei Jahren auf dem Pflaster in der Nähe des Marktes. Einige ihrer Freundinnen leben schon seit neun Jahren dort.

Manche der Frauen stammen von der südlichen Küste, zum Beispiel Umbumbulu und Umzinto, wo ihre Männer in einem «Parteienstreit» getötet und ihre Häuser zerstört wurden.

Andere Frauen hatten bei den Überschwemmungen vor drei Jahren ihr Hab und Gut verloren und kamen danach in die Stadt, um einen Weg zum Überleben zu suchen.

Mkhize hat ein schmales Stück Land an der Küste, wo sie Gemüse zieht. Sie pflegt und erntet das Gemüse, um es an einigen Wochenenden auf dem Markt in der Stadt zu verkaufen. Nicht immer gibt es aber ewas zu ernten. Dann kauft sie möglichst kleine Quantitäten von Händlern und verkauft die Produkte auf dem Markt weiter. So versuchen hunderte von Frauen zu überleben, indem sie Kartoffeln, Süsskartoffeln oder Zwiebeln verkaufen... andere Frauen sammeln und verkaufen Altpapier...»

(Aus einer Reportage von Carmel Rickart: «Wo das Bett nur ein Streifen Pflaster ist».)

überhaupt kein Geld mehr übrig. Dabei sollten wir doch Rückstellungen fürs Alter oder für die Gesundheitsvorsorge machen.» Keine der Frauen ist Mitglied einer Krankenkasse oder hat eine Versicherung für Arzt oder Medikamente. «Und die Kinder kosten so viel», sagt Esther. «Immer dieses Theater mit den Schuluniformen. Man muss das ganze Jahr über Geld dafür auf die Seite legen. An Weihnachten müssen die neuen Uniformen gekauft werden. Eine kinderreiche Familie gibt dafür bis zu 1000 Rand aus, und so reicht das Geld oft nicht für anständige Kleider für uns Mütter.»

Alle drei Frauen sind voll berufstätig und sie regen sich besonders über die Tatsache auf, dass jede werktätige Frau eine Extrasteuer von 83 Rand im Monat bezahlen muss. Es ist eine prohibitive Steuer für «Dopperverdienerinnen». Sie gilt für alle Frauen – für weisse und schwarze – aber es ist klar, dass diese Kopfsteuer natürlich die niedrigen Einkommen unverhältnismässig hart belastet.

Besuch im Buthelezi-Land

«Gleich, aber getrennt» – Dieses Prinzip haben die Vertreter des Apartheid-Staates verfochten, als sie Ende der Fünfzigerjahre die «getrennte Entwicklung» der verschiedenen Rassen in den sogenannten Homelands vorantrieben. Den Afrikanern sollte, so lautete die Propaganda, die Unabhängigkeit gewährt werden. Doch wurden nicht autonome Freiräume für die schwarze Bevölkerung geschaffen, sondern die Armenhäuser Südafrikas, in denen ein unerschöpfliches Potential von Arbeitskräften auf Abruf bereit steht, ohne dass das weisse Südafrika für diese Menschen soziale Verantwortung übernehmen muss.

Einigen Homeländern hat der Apartheid-Staat seit Ende der Siebzigerjahre tatsächlich die Unabhängigkeit gewährt. Doch diese Unabhängigkeit erweist sich als Schein-Souveränität von Südafrikas Gnaden. Sie besteht im Wesentlichen im Recht, eine eigene Flagge und Nationalhymne zu besitzen und im allgemeinen Wahlrecht für die Bestellung einer Legislative im Homeland. Die Regierungsbildung wird überkommenen Stammestraditionen überlassen, die von der Mehrheit der schwarzen Bevölkerung in dieser Form nicht mehr akzeptiert werden. Diese Regierungen können allerdings nicht unabhängig agieren, weil sie sich in den wichtigsten Gebieten, zum Beispiel in der Aussenpolitik oder Wirtschaft, der südafrikanischen Zentralregierung unterordnen müssen. So hängt auch die wirtschaftliche Entwicklung in diesen Gebieten, die weder über landwirtschaftliche Resourcen noch über nennenswerte Bodenschätze verfügen, vom Willen und von den Interessen des weissen Südafrikas ab. Trotzdem wird die wirtschaftliche Entwicklung in den Homelands in den letzten Jahren stark gefördert, mit der Verheissung, Arbeitsplätze zu schaffen und die Homelands an der wirtschaftlichen Prosperität teilhaben zu lassen. Der Verdacht liegt jedoch nahe, dass in jene Gebiete Industriezweige ausgelagert werden, die für Südafrika wenig attraktiv sind. Um so attraktiver hingegen sind die Rahmenbedingungen für die Firmen. Hier werden ihnen kaum Auflagen bezüglich Sozialleistung und Löhne gemacht.

Auch Unternehmen mit Schweizer Beteiligung haben einzelne

ihrer Betriebe in oder neben die Homelands verlegt. Die Alusaf, an der die Alusuisse eine Minderheitsbeteiligung hält, betreibt zum Beispiel ein Schmelzwerk im neu entstandenen Industriegebiet von Richards Bay – einem südafrikanischen Fleck inmitten von KwaZulu-Gebieten. Cappa-Sacks, eine zum Holderbank-Konzern von Thomas Schmidheiny gehörende Tochterfirma der Anglo-Alpha, ist im Bantustan KwaZulu direkt tätig. Südafrika selbst hat in unmittelbarer Nähe dieses Bantustans eine grosse neue Hafenanlage gebaut; dies geschah unter anderem im Hinblick auf zukünftige südafrikanische Wirtschaftstätigkeit im Homeland KwaZulu. Die Schweizer Wirtschaft wirbt für dieses Homeland und unterhält mit dem Regierungschef von KwaZulu, Gatsha Buthelezi, gute Beziehungen. Die Entwicklung in diesem Bantustan wird als gutes Beispiel und als eine mögiche Alternative zur Abschaffung der Apartheid angepriesen. Dieses Lob erstaunt nicht, verkündet doch Buthelezi bei jeder sich bietenden Gelegenheit, dass er für eine freie Marktwirtschaft sei und wirtschaftliche Sanktionen gegen Südafrika als schädlich erachte.

Die Industriezone zwischen Isithebe und Empangeni liegt etwa 200 Kilometer von Durban entfernt. Von Durban herkommend fährt man lange Zeit der Küste entlang durch eine zauberhafte, urwaldähnliche Landschaft. Hier gibt es einige Orte mit mehrheitlich indischer Bevölkerung, die sich an den nördlich von Durban gelegenen Stränden des Indischen Ozeans angesiedelt hatte. Das Land ist relativ fruehtbar. Es hat viele Flüsse und also genügend Wasser; überall sieht man kleinere und grössere Obstgärten. Die KwaZulugebiete befinden sich mehrheitlich im Landinneren, liegen also nicht direkt an der Küste. Man kann sie sofort ausmachen: Der Boden ist karg, das Land übernutzt. Es fehlen über weite Strecken die Bäume und Sträucher. Isithebe liegt auf einer Hochebene. Die rauchenden Schlote der Fabrikanlagen kündigen das Industriezentrum an. Die Firma SAPPI zum Beispiel, die mit der Cappa-Sacks eng zusammenarbeitet, besitzt hier schon seit langem einen Produktionsbetrieb. Es ist eine Industrieanlage, die unseren Vorstellungen von einer Fabrik aus dem 19. Jahrhundert entspricht. Sie ist unsäglich hässlich. Es ist zwar bekannt, dass die holzverarbeitende Industrie nirgendwo zu den umweltverträglichen Industrien gehört. Aber derartigen Emissionen begegnet man selten: Aus den Kaminen dringt beissender gelber Rauch, der die ganze Umgebung verpestet. In unmittelbarer Nähe der Fabrik glaubt man kaum mehr atmen zu können. Die Abgase verursachen ein seltsames Brennen auf den Nasen- und Rachenschleimhäuten, und unwillkürlich steigen uns die Tränen in die Augen.

SAPPI ist das grösste und mächtigste Holzverarbeitungsunternehmen in Südafrika. Wir lassen uns sagen, dass ihre Betriebe gewerkschaftlich gut organisiert sind und dass die Fabrikleitung gute Beziehungen zu den COSATU-Gewerkschaftern aufrechterhält, obwohl die Inkatha-Bewegung von Buthelezi den Gewerkschaftsbund COSATU offen bekämpft und die KwaZulu-Regierung ihre staatstreue Gewerkschaft UWUSA propagiert und protegiert. Auch die Cappa-Sacks anerkennt die Paper, Printing, Wood and Allied Workers Union (PPWAWU) – die COSATU-Gewerkschaft der Papier- und Holzarbeiter – als Verhandlungspartner an, denn allen Anstrengungen und Erpressungen zum Trotz sind die Arbeiter auch hier mehrheitlich bei dieser unabhängigen Gewerkschaft organisiert. Allerdings funktioniert das Verhältnis der Firmenleitung zur Gewerkschaft lange nicht so reibungslos wie das der SAPPI. So dürfen zum Beispiel gewerkschaftliche Funktionäre das Firmengelände nicht betreten, ausser wenn sie Verhandlungen mit der Firma führen. Sie haben hier also keine Möglichkeit mit den gewerkschaftlich organisierten Arbeitern oder ihren Vertrauensleuten direkt Kontakt aufzunehmen. In KwaZulu ist es für eine unabhängige Gewerkschaft auch unmöglich ein Büro zu errichten. Diese Büros befinden sich ausserhalb des Bantustans in weissen Gebieten, und die gewerkschaftlichen Vertrauensleute müssen einen Weg von 100 Kilometern auf sich nehmen, wenn sie sich mit den Sekretären beraten wollen. Dadurch wird die Gewerkschaftsarbeit extrem erschwert.

Auch wir befanden uns in einer schwierigen Situation, als wir die Gewerkschafter der Firma Cappa-Sacks trafen. Unsere Gespräche fanden an einem geheimen Ort statt. Niemand sollte von unserem Besuch erfahren. Unsere Gesprächspartner waren äusserst vorsichtig; immer wieder versicherten sie sich, dass wir nicht beobachtet wurden, und es herrschte eine gespannte Atmosphäre. Um diese Umstände besser begreifen zu können, ist es nötig, noch

Stammes-Chauvinisten gegen Demokraten

Über 3000 Tote – weit mehr als im Libanon in der gleichen Zeit – waren in den letzten Jahren in Natal/KwaZulu zu beklagen. Die meisten von ihnen waren Anhänger der Anti-Apartheid-Organisation UDF oder Mitglieder von COSATU-Gewerkschaften. Diese Morde gehen grösstenteils auf das Konto von Mitgliedern der Inkatha-Bewegung von Chief Gatsha Buthelezi.

Buthelezi ist Ministerpräsident des in Natal gelegenen, in viele unzusammenhängende Teile zerstückelten Bantustans KwaZulu. Er möchte in der künftigen Umgestaltung Südafrikas das gewichtigste Wort mitreden. Er begründet dies damit, dass «seine» Zulus die grösste Gruppe unter Südafrikas Schwarzen bildeten.

Zur Durchsetzung seines Machtanspruchs ist Buthelezi fast jedes Mittel recht. Während er in europäischen Politik- und Wirtschaftskreisen für eine «gewaltlose» Abschaffung der Apartheid und für freies Unternehmertum eintritt und sich damit Anerkennung holt, bekämpfen seine Krieger Menschen anderer Meinung – wenn nicht mit Zustimmung, dann zumindest mit stillschweigender Duldung Buthelezis – bis aufs Blut. In den ländlichen Gegenden KwaZulus ist ein traditioneller Zulu-Stolz noch verbreitet, der von Buthelezi schamlos ausgenützt wird. Hinzu kommt bei den Menschen auf dem Land die rapide Verschlechterung ihrer Lebenssituation und die begründete Angst vor sozialen Umbrüchen und vor Verarmung, die sie zur Gewalt gegen die «Städter» greifen lässt.

Die Erstarkung der demokratischen Bewegung hat Buthelezis Machtbasis rasch schmelzen lassen. Druck und Erpressung sind die Mittel, mit denen die Inkatha sich heute Unterstützung zu sichern versucht. Je selbstbewusster die Gewerkschaften, die UDF und neuerdings auch der ANC auftreten, desto aggressiver reagieren Buthelezis Leute.

einige Bemerkungen zur politischen Situation in KwaZulu beizufügen.

Die Regierung von KwaZulu verfolgt ihre Politik der raschen wirtschaftlichen Entwicklung mit speziellen Anreizen, die sie ansiedlungswilligen Firmen bietet. Unter anderem werden Prämien für jeden neugeschaffenen Arbeitsplatz bezahlt. Auch Cappa-Sacks erhält derartige Prämien, die, wie wir in der Folge sehen werden, zu bedenklichen Praktiken führen.

Als Cappa-Sacks 1978 von Kapstadt nach Isithebe auslagerte, rationalisierte sie zugleich den Betrieb. Doch in der Übergangsphase gab es keinen Stellenabbau. Erst im Jahre 1984 signalisierte die Firma, dass sie 21 Stellen streichen müsse. Verhandlungen zwischen Gewerkschaft und dem Management scheiterten, obwohl nachweislich nicht weniger produziert wurde und letztlich drei Arbeiter gleich viel Arbeit verrichten mussten, wie vorher vier Arbeiter bewältigten. Anstatt mit der Gewerkschaft über diese Probleme zu verhandeln, führte die Firmenleitung individuelle Gespräche mit denjenigen Arbeitern, die sie entlassen wollte. In diesen Gesprächen wurden die Arbeiter dazu überredet, selbst zu kündigen. Man stellte ihnen für diesen freiwilligen Verzicht in Aussicht, dass man sie bei guter Geschäftslage als erste wiedereinstellen würde. Tatsächlich wurden im Jahre 1988 zwanzig neue Arbeiter angestellt, aber diejenigen, die damals gekündigt hatten, wurden nicht berücksichtigt. Als die Gewerkschaft protestierte, argumentierte der Personalmanager, die Leute hätten damals gekündigt und gleichzeitig erklärt, dass die Arbeit für sie zu schwer sei. Die Firma sehe deshalb keinen Anlass, mit der Gewerkschaft zu verhandeln. Einige dieser gekündigten Arbeiter waren seit vier oder fünf Jahren in der Firma beschäftigt. Als wir unsere Gesprächspartner auf dieses Ereignis ansprachen, meinten sie, einer der wichtigen unausgesprochenen Gründe für die Nichtberücksichtigung dieser Arbeiter sei deren Gewerkschaftszugehörigkeit gewesen. Aber möglicherweise stecke auch eine Korruptionsaffäre dahinter. Die Gewerkschafter vermuten nämlich, dass die Firma Prämien für neue Arbeitsplätze geltend machen konnte, während sie diese bei der Wiederanstellung ehemaliger Arbeiter nicht erhalten hätte. Solche Machenschaften seien allerdings schwer zu beweisen, weil es oft vorkomme, dass einzelne Leute des Managements die Prämie in ihren privaten Sack steckten, während die Firmenleitung darüber nicht orientiert sei. Die Nichtwiedereinstellung von Arbeitern, die aus wirtschaftlichen Gründen entlassen wurden, gilt sogar in Südafrika als unfaire Praktik und kann von den Gewerkschaften eingeklagt werden. In KwaZulu ist das nicht möglich. «Es ist besonders grotesk», sagt einer unserer Gesprächspartner, «dass wir hier in KwaZulu noch froh sein müssten, wenn mindestens die Bestimmungen des verhassten südafrikanischen Arbeitsgesetzes angewandt werden könnten.» Es grenzt tatsächlich an Zynismus, dass die COSATU-Gewerkschaft in KwaZulu dafür kämpfen musste, dass mindestens die Bedingungen des 1988 revidierten südafrikanischen Gesetzes über Arbeitsbeziehungen (welches COSATU wegen den Verschlechterungen gegenüber den vorher geltenden Bestimmungen bekämpft) erfüllt wurden. Eine entsprechende Vorlage war jahrelang von der Regierung Kwa-Zulus schubladisiert worden, bis es unter massivem Druck Ende 1989 in Kraft gesetzt wurde. Nach der neuen Regelung müssen sich jetzt auch COSATU-Gewerkschaften registrieren lassen; sie können somit aber auch ihre Büros im Gebiet des Homelands einrichten.

Unter diesem Gesichtspunkt müssen auch die Arbeitsbedingungen bei Cappa-Sacks betrachtet werden. In den letzten Jahren wurde die Produktion enorm gesteigert, erzählen die Gewerkschafter. Es wurde rationalisiert, die Maschinen laufen viel schneller. Die Arbeiter müssen also mehr leisten, der Stress nimmt zu. Vor kurzem wurden Pausen gestrichen. Es bleibt nur noch die Lunch-Pause von 30 Minuten – unbezahlt! Die andern Pausen von je 15 Minuten waren in der Arbeitszeit von 45 Stunden inbegriffen. Nach südafrikanischem Recht wäre das ungesetzlich, sagt einer unserer Gesprächspartner.

Um möglichst wenig neue Arbeitskräfte einstellen zu müssen (und dadurch Verpflichtungen einzugehen), verlangt auch Cappa-Sacks extrem hohe Überstundenleistungen. Normalerweise wird bei Cappa-Sacks in zwei 9-Stunden-Schichten im Tag gearbeitet. Die erste Schicht beginnt um 6 Uhr morgens bis 3 Uhr nachmittags. Die zweite Schicht von 2.45 nachmittags bis 11.45 in der Nacht. Bei starkem Arbeitsanfall müssen die Frühschichtarbeiter Überzeit leisten. In der Vergangenheit kam es sogar oft vor, dass Arbeiter doppelte Schichten zu bewältigen hatten. Ein 18-Stunden-Tag wäre ausserhalb der Homelands unter keinen Umständen möglich und auch unter schlimmsten Bedingungen kaum vorstellbar gewesen. Trotzdem wehrten sich die Arbeiter lange Zeit nicht entschieden genug, weil sie mit diesen Doppelschichten ihr extrem niedriges Gehalt etwas aufbessern konnten. Das Mindestgehalt für einen Arbeiter beträgt 3.27 Rand per Stunde oder 632.27 im Monat. Der grösste Teil der Arbeiter ist so niedrig eingestuft. Es gibt keinerlei Zulagen, und die Arbeiter müssen wirklich um ihr Überleben kämpfen, wenn man sich vorstellt, dass 685.44 Rand das Existenzminimum für eine Familie von 5 Personen beträgt! (Stand 1. Hälfte 1989)

«Heute allerdings», sagten uns die Gewerkschafter von Cappa-Sacks, «sind die Doppelschichten abgeschafft, weil die Gewerkschaft die Firma eingeklagt hat.» Es ist einer der wenigen Erfolge, die PPWAWU in KwaZulu verbuchen kann. Zur Zeit sind noch zwei Überstunden pro Tag üblich. In Ausnahmefällen können die Arbeiter allerdings gezwungen werden, maximal zehn Überstunden in der Woche zu leisten. Wenn die Arbeiter sich weigern, droht die Firma mit «Massnahmen», zum Beispiel, sie werde die Polizei holen, um ihre Interessen durchzusetzen.

Es interessiert uns natürlich, ob in KwaZulu mindestens die Weg- und Wohnbedingungen besser sind als in den grossen Städten. Das wird von unseren Gesprächspartnern klar verneint. Einige Arbeiter wohnen zwar hier in der Nähe, viele aber kommen aus ländlichen Gebieten und von weit her, was wiederum mit der Zerstückelung des Homelands im Zusammenhang steht. Diese Leute sind gezwungen, unter der Woche in Hütten zu wohnen, weil der Heimweg zu weit ist. Auch Phil, der Gewerkschaftssekretär, lebte anfänglich in einer notdürftigen, selbstgebauten Hütte, als er hierherkam. Seine Familie – Frau und zwei Kinder – leben 100 Kilometer weit entfernt. Er sieht sie nur jeden Monat einmal. Glücklicherweise konnte er jetzt in einem nahen Township ein Zimmer mieten. Nicht anders als im übrigen Südafrika ist auch hier das Leben im Township die übliche Wohnform. Und die Townships befinden sich auch hier zirka 5 bis 10 Kilometer von den industriellen Zentren entfernt. Das Wegproblem bleibt den Leuten also nicht erspart. Viele kommen per Sammeltaxi zur Arbeit; 1 Rand kostet die Fahrt. Einzig für die Nachtschichtarbeiter stellt die Firma einige wenige Busse zur Verfügung.

Doch zurück zur Wohnsituation in KwaZulu: Die Schwarzen sind hier keineswegs eigenständiger als im übrigen Südafrika. Auch in diesem, ihrem «Heimatland» können sie kein Land kaufen. Sie müssen das Land, das ihnen die Regierung zuweist, mieten. Der Staat kassiert in den Townships Bodenzinsen. Ein bestehendes Haus in einem Township kostet nach Auskunft unserer Gesprächspartner mindestens 18000 bis 20000 Rand; wollte man ein neues bauen, dann müsste man mit dem doppelten Betrag rechnen. Anglo-Alpha kündigte 1986 an, dass sie angesichts der grossen Wohnungsnot in KwaZulu und angesichts des sozialen und wirtschaftlichen Drucks zirka ½ Million Rand für Hypotheken zur Verfügung stelle. Die Firma hätte eine eigene Stiftung ins Leben rufen, oder mit der Gewerkschaft andere Lösungen suchen können. Sie entschloss sich hingegen, ohne die Gewerkschaft oder auch nur ihre Arbeiter befragt zu haben, dieses Geld für den Hausbau der KwaZulu Finance Investment Corporation zu übergehen, welche direkt der KwaZulu-Regierung untersteht. Die KFC ist der grösste Land- und Hausbesitzer in den Townships. Die staatseigene Firma bildet ein Teilstück in der Strategie der totalen Kontrolle, die das Buthelezi-Regime über das Volk ausübt. Es muss durchaus als normal betrachtet werden, dass die KFC zum Beispiel Darlehen verweigert oder Darlehen entzieht, wenn sie weiss, dass jemand nicht Mitglied von Inkatha ist oder gar erklärterweise Mitglied der COSATU-Gewerkschaft oder einer anderen Anti-Apartheid-Organisation ist. Ausserdem zwingt die KFC ihre Kreditnehmer, den Betrag für das Haus innert zwanzig Jahren zurückzuzahlen. Kein Wunder, dass die Arbeiter und Mitglieder der unabhängigen Gewerkschaften alles daran setzen, um ihre Häuser bei einer privaten Agentur zu kaufen, doch fehlt ihnen dazu meist das Geld. Die Cappa-Sacks Arbeiter sind besonders erbost und enttäuscht, dass ihnen die Firma nicht die Möglichkeit offeriert, direkt Geld zu leihen statt ihre sozialen Verbindlichkeiten über die KFC abzuwickeln.

Wer sich kein Haus leisten kann oder will, hat unter Umständen die Möglichkeit, sich eine Unterkunft in einem Township zu mieten. Diese Unterkünfte sind allerdings recht teuer. Sie kosten 40 bis 84 Rand in der Woche (!). Zuzüglich Steuern in der Höhe von nochmals 25 bis 50 Rand im Monat. «Auch die Lebenskosten sind bei uns nicht etwa geringer als in den städtischen Gebieten von Südafrika», sagt Ralph, ein Vertrauensmann von Cappa-Sacks, «im Gegenteil, sie sind höher. Weil die Leute zu weit weg wohnen, können sie nicht im billigen Supermarkt einkaufen. Die wenigsten von uns besitzen einen Eisschrank, und so können die Familien auch keine Grosseinkäufe tätigen. Wir sind auf die kleinen Läden in den Townships angewiesen. Aber hier gibt es nur alte und schlechte Waren zu hohen Preisen.»

Im Gegensatz zu Cappa-Sacks hat Alusaf zwei eigene Hauseigentumsprojekte, eines für schwarze Arbeiter, eines für weisse.

Von den rund 200 schwarzen Arbeitern, die theoretisch seit 1981 Zugang zu diesen Erleichterungen gehabt hätten, konnten nur gerade 30 diese Kredite in Anspruch nehmen. Für die Mehrheit der Arbeiter sieht die Situation hier also nicht besser aus, und die gewerkschaftlich organisierten sind trotzdem dem Druck der Behörden von KwaZulu ausgeliefert, in deren Zuständigkeit die Township von Ezikhawini und das meiste umliegende Gebiet fällt. Der Vorsitzende der Vertrauensleute, ein sehr aktives COSATU-Mitglied, war eines der ersten Opfer, als er sich von der Inkatha abwandte. Sein Haus – mit Hilfe des Alusaf-Fonds gebaut – wurde von den Inkatha-Leuten angegriffen und weitgehend zerstört. In den Townships wurden auch immer Arbeiter verhaftet, keiner von ihnen aber vor Gericht gebracht. Sie wurden nicht formell angeklagt, obwohl sie beschuldigt wurden, an Sabotageakten beteiligt gewesen zu sein. So versucht das Regime, engagierte Gewerkschafter mundtot zu machen, indem es ihnen die Existenzgrundlage entzieht. Alusaf bezahlt ihnen nach neuerer Praxis keinen Lohn, auch wenn sie lange Zeit ohne Prozess im Gefängnis sitzen, wie zum Beispiel zur Zeit zwei Gewerkschafter. Die Firma will Lohnnachzahlungen erst in Erwägung ziehen, wenn sie freigesprochen sind, was nicht der Fall sein wird, weil man ihnen keinen Prozess machen wird. Inzwischen sind ihre Familien zum Hungern verurteilt. Dieses Beispiel zeigt, dass die hier tätigen Firmen das menschenrechtswidrige Verhalten des KwaZulu-Regimes akzeptieren und nicht einmal versuchen, ihren Einfluss geltend zu machen. Auch die Cappa-Sacks Leute beklagen sich über die kaum versteckte Sympathie, die das Management der Anglo-Alpha der KwaZulu-Regierung gegenüber bekundet.

Wir sind beinahe am Ende unseres Interviews angelangt. Die Leute sind müde – es ist Freitagabend, die Atmosphäre ist ohnehin ungemütlich. Unsere drei Gesprächspartner waren während des Gesprächs wachsam. Sie beobachteten stets die Leute, die vorbeigingen; sie achteten auf jedes Geräusch. Fast beiläufig erzählte uns Ralph zum Schluss, dass die Inkatha-Leute am vergangenen Freitag – genau eine Woche vorher – einen halbwüchsigen Knaben zu Tode prügelten, weil er einen COSATU-Trainer trug. Bis jetzt wurde, wie in den meisten derartigen Fällen, niemand verhaftet. Solche Ereignisse gehören hier zur Tagesordnung. Ralph sagt:

Wohnungsnot und ihre Folgen

«Es war kalt, der Himmel klar, um vier Uhr morgens, als Elizabeth Mahlangu ihren kranken Mann und drei Kinder im Teenage-Alter weckte, damit sie ihr Haus abreissen konnten. Sie hatten das in den letzten zwanzig Jahren oft getan, aber dieses Mal war es wirklich so, als wäre es das erste Mal; damals hatten sie eine kleine Farm im Südosten von Johannesburg verlassen müssen. (...)
Ihre ununterbrochene Flucht begann im Jahre 1967, als die Behörden sie dort wegwiesen. Eine Bewerbung für eine neue Unterkunft oder ein Haus blieb unbeantwortet. Mit ihren fünf Kindern konnten Elizabeth und Elias Mahlangu vorübergehend in eine Notunterkunft ziehen. Dort konnten sie allerdings nicht bleiben. So suchten sie für sich und ihre Eltern eine andere Bleibe.
Es blieb ihnen nichts anderes übrig, als sich in einer Hüttensiedlung niederzulassen. Drei Monate später wurden die Hütten niedergebrochen. 1977 kamen sie nach ‹Stinkwater› im Homeland Bophuthatswana. Aber die Bedingungen waren so schlecht – der Name der Siedlung sagt es – dass sie wieder wegziehen mussten. Dann gingen sie nach Vlaklakte und glaubten wirklich, dass sie dort bleiben konnten. Sie bauten eine Hütte mit ihren eigenen Händen und begannen Gemüse anzupflanzen. Aber dieser neugefundene Friede wurde im Jahre 1986 jäh unterbrochen, als eine gewalttätige Gruppe nächtliche Terrorakte gegen die Bevölkerung startete. Die Familie Mahlangu wurde Opfer eines derartigen Angriffs; einer ihrer Söhne ist seither vermisst und wurde wahrscheinlich bei Auseinandersetzungen mit den Vigilants getötet. Dann zogen sie weiter und lebten bis jetzt zur Hütte E69 in ‹Weilers Farm›, 30 Kilometer südlich von Johannesburg. Doch sie hatten keine Erlaubnis, hier zu siedeln. Kürzlich bot die Transvaal Provincial Administration eine Wiederansiedlung auf der ‹Orange Farm› – ein ödes Gelände etwa 10 Kilometer weit entfernt – an. Und viele von ihnen nahmen die Offerte an, weil sie auch hier von Banditen bedrängt waren und gleichzeitig befürchten mussten, dass ihre Hütten demnächst niedergerissen würden. (...)»

(Aus einer Reportage von Audrey Brown über das Leben der Familie Mahlangu im Hüttencamp.)

«Die Inkatha-Leute kommen nie ins Fabrikareal. Sie bedrohen auch selten die Arbeiter selbst, denn sie haben Angst vor der Solidarität der organisierten Arbeiter. Aber sie gehen während den Arbeitszeiten in die Townships und belästigen oder misshandeln Frauen und Kinder, deren Männer gewerkschaftlich organisiert sind.»

«Viele Leute gingen zum Begräbnis des Jungen», erzählt Ralph weiter. «Nach dem Begräbnis formierten wir uns – wie üblich – zu einem Zug und sangen unsere Lieder. Die Polizei hielt uns an und befahl uns zu schweigen.»

Wir müssen aufbrechen. Unser Gespräch hat lange gedauert. Wir bringen die drei ins Township, damit sie nicht den weiten Weg zurücklegen müssen. Und dabei haben wir nochmal Gelegenheit uns zu vergewissern, dass die Lebenssituation in diesen Homelands eher noch schlimmer ist, als sonst in Südfarika: Die Einfahrt zur total eingefriedeten Siedlung wird von einem grossen Polizeiposten wie von einer Festung dominiert. Bewaffnete Sicherheitskräfte patroullieren davor. In den engen Strassen drängen sich die Leute. Die Häuser stehen dicht beieinander. Es gibt kaum Plätze, wo sich die Menschen ungezwungen treffen können. Kein grüner Fleck lässt unser Auge ausruhen. An einer Strassenkreuzung steigen die drei Gewerkschaftskollegen aus. Sie hätten jetzt nicht mehr weit nach Hause und würden das letzte Stück zu Fuss zurücklegen, sagen sie und sie drängen uns, rasch zu wenden, damit wir noch vor Einbruch der Dunkelheit aus dem Township rauskommen.

Ein Streik ist kein Sonntagsspaziergang

Die meisten Lebensmittel sind in den Städten billiger als auf dem Land und in den Townships. Auch das gehört zu den Besonderheiten Südafrikas. Das hat verschiedene Hintergründe: Die grossen Warenverteiler und Supermarktketten sind mehrheitlich in den städtischen Räumen tätig. Ihre Läden befinden sich vor allem in den Zentren und in den Vorstädten. In den Townships sind sie nur ganz selten anzutreffen. Auch in den ländlichen Gebieten gibt es wenig derartige Läden. Hier dominieren die Verkaufsläden der Grossfarmen. Die einheimischen Lebensmittelproduzenten schliessen oft Lieferverträge mit den Grossverteilern ab, die unter anderem ein Konkurrenzverbot in ihren Einzugsgebieten enthalten. Die Landarbeiter mit ihren extrem niedrigen Löhnen sind daher oft gezwungen, in den viel teureren Farmläden einzukaufen. In ähnlicher Weise sind die Townshipbewohner auf die kleinen, teuren Läden in ihren Wohnbezirken angewiesen, wenn es ihnen nicht gelingt, in die billigeren Supermärkte der Städte auszuweichen. Und das wird natürlich durch die mangelnden Transportmöglichkeiten erschwert.

«O. K.-Bazaars» ist eine jener Discount-Ladenketten, die sich zwar nicht ausschliesslich, aber doch mehrheitlich an schwarzes Publikum richtet. Der grösste Teil des Magazin- und Verkaufspersonals ist ebenfalls schwarzer Hautfarbe. «O. K.-Bazaars» sind meistens grössere Selbstbedienungsläden. Sie verfügen über eigenes Sicherheitspersonal. Und es gehört zu den unwidersprochenen Selbstverständlichkeiten, dass die Kundin und der Kunde sowohl beim Eingang, wie an der Kasse beim Ausgang unaufgefordert ihre Einkaufstaschen vorweisen. Auf spezielle Aufforderung hin können auch die Kleider – zum Beispiel Mantel- oder Rocktaschen – durchsucht werden.

Anfang 1987 fand bei der Discount-Kette «O. K.-Bazaars» ein grosser Streik statt, der die Gewerschafterinnen und Gewerkschafter noch heute beschäftigt. Über ihre Erfahrungen in diesem Streik möchten sie berichten. «Es war ein harter Streik, der elf Wochen lang dauerte, und es gab viele Schwierigkeiten», erzählte uns George, ein Vertrauensmann in mittleren Jahren. «Immer

73

wieder gab es Verhaftete, vor allem, weil Streikende mit Plakaten vor den ‹O. K.-Bazaars› demonstrierten.» Nach südafrikanischem Gesetz dürfen streikende Arbeiter nicht auf öffentlichem Boden demonstrieren, aber Einzelpersonen mit Plakaten werden manchmal geduldet. Sobald es zu einer «Massierung» kommt, treibt die Polizei die Leute auseinander. «Wir haben diesem Umstand zwar Rechnung getragen», erklärt Bill, ein junger Vertrauensmann, «doch was eine Massierung ist, bestimmt die Polizei». Damals wurden alle Demonstranten wegen «Zusammenrottung» verhaftet. Die Polizisten kamen sogar in die Läden und griffen die Arbeiterinnen und Arbeiter an. Dabei gab es viele Verletzte. «Die Aktionen der Polizei waren aber letztlich ein Schlag ins Wasser», sagt Mary-Rose, die knapp zwanzigjährige Vertrauensfrau, «weil sich die Leute, das heisst die Kunden und das Publikum auf der Strasse, über diese Polizeieinsätze ärgerten. Dabei wuchs die Sympathie für das streikende Personal.»

«Glücklicherweise wurde bei den Auseinandersetzungen niemand getötet oder schwerwiegend verletzt» ergänzt Jeffrey, der Sekretär, «bei uns in Südafrika ist das gar nicht so selbstverständlich.» Hingegen wurden 500 Streikende vorübergehend entlassen; 42 von ihnen wurden nicht wieder eingestellt. Es versteht sich von selbst, dass es sich bei den Betroffenen um die engagiertesten und aktivsten Gewerkschafter gehandelt hat. Glücklicherweise fanden sie alle bald wieder eine Stelle, weil sie sehr qualifiziert waren. «Es ist nicht selten der Fall, dass gerade die qualifiziertesten Arbeiter auch die aktivsten Gewerkschafter sind», sagt der Sekretär – ein Inder und Hüne von Gestalt.

Natürlich war der Lohnausfall während dieser langen Streikperiode für viele nur schwer zu verkraften. Viele Arbeiterfamilien hatten mit Schwierigkeiten zu kämpfen, weil sie zum Beispiel die Miete nicht mehr bezahlen konnten. In dieser Phase versuchte die Firma, die Streikenden mit Geld zu ködern. Sie offerierte Kredite für jene Arbeiterinnen und Arbeiter, die vorzeitig an ihren Arbeitsplatz zurückkehrten. Trotzdem konnte die Solidarität nicht gebrochen werden. Von knapp 11 000 Streikenden gingen nur 400 an die Arbeit zurück.

Vor diesem grossen Streik gab es im Bereich der Lebensmittelbranche schon lange Zeit keinen Ausstand mehr. Das mag auch der Grund dafür gewesen sein, weshalb dieser Streik so lange dauerte und so erbittert geführt wurde. «Materiell hat uns der Streik nicht viel gebracht», sagt Albert, ein bereits ergrauter Shop-Steward, der sehr eindrücklich und überlegt sprach, «aber der Streik zeigte uns und den andern, dass die Gewerkschaft sehr gut organisiert und diszipliniert ist, und dass mit uns zu rechnen ist...»

«O. K.Bazaars» ist eine südafrikanische Firma, an der keine Schweizer Unternehmen beteiligt sind. Wenn man aber den Verlauf von ähnlich grossen Streiks in den Schweizer Unternehmen oder ihrer südafrikanischen Niederlassung betrachtet, unterscheiden sich die Methoden des Managements gegenüber den Streikenden in keiner Weise von dieser Streikgeschichte. Die Firma Alusaf zum Beispiel hat während des grossen Metallarbeiterstreiks von 1982 sämtliche streikenden Arbeiter entlassen. Betroffen davon waren rund tausend Personen. Die meisten von ihnen waren aber bereits in den frühen 70er Jahren in die Firma eingetreten. Und obwohl viele nach dem Streik wieder eingestellt wurden, verloren sie sämtliche Ansprüche auf Sozialleistungen aus den vergangenen Jahren. (Vgl. dazu Firmenporträt der Alusaf)

In diesem Zusammenhang verdient die südafrikanische Altersvorsorge eine kritische Anmerkung: Eine staatliche Altersrente wird nur mittellosen Personen ausbezahlt. Diese müssen nachweisen, dass sie kein Vermögen, kein Einkommen und keine Rente haben. Die Freigrenze beträgt für Schwarze 149 Rand im Monat, für Weisse hingegen 250 Rand. Da die Firmenpensionen meistens nach dem Schema Gehalt : Dienstjahre × 60 errechnet werden, befinden sich die meisten Pensionen der Schwarzen knapp über dieser Freigrenze. Und das heisst, sie haben trotz enorm niedriger Rente keinen Anspruch auf staatliche Unterstützung. Für die Arbeiter aus den Homelands ist diese staatliche Unterstützung ohnehin hinfällig.

Ein anderes Beispiel ist die Oerlikon-Electrodes. Dieses mehrheitlich von der Oerlikon-Bührle Holding AG kontrollierte Unternehmen hat sich eine besondere Taktik zugelegt, um sich zukünftig Streiks vom Hals zu halten. Im Juni 1988 fand ein grosser nationaler Streik gegen das neue Gesetz über Arbeitsbeziehungen statt. Das Gesetz besagt unter anderem, dass es legale und illegale Streiks gibt. Als illegal werden all jene Streiks bezeichnet, die «politisch motiviert» sind. Es ist unbestritten, dass die Gewerkschaften von diesem Gesetz in tiefgreifender Weise betroffen sind. Oerlikon-Bührle stellte sich aber auf den Standpunkt, dass gerade diese auf drei Tage befristete Protestaktion ein politischer Streik gewesen sei. Die Firmenleitung liess allen Arbeitern, die sich am Streik beteiligt hatten, eine sogenannte «letzte Warnung» aushändigen. Dieser Brief besagt, dass die betroffenen Arbeiter bei einem weiteren Vorkommnis – zum Beispiel bei der Beteiligung an einem Streik – ohne weitere Warnung entlassen werden können. Die Beschäftigten weigerten sich jedoch, diese letzte Warnung zu unterschreiben. Trotzdem wurde sie den individuellen Personalakten der jeweiligen Arbeiter beigelegt.

Auch Pioneer Crushers und Hippo Quarries, zwei Unternehmen die zur Holderbank/Anglo-Alpha Gruppe gehören, stellten sich bei dieser Streikaktion gegen das neue Gesetz über Arbeitsbeziehungen auf denselben Standpunkt wie Oerlikon-Electrodes: Auch sie erklärten den Streik als illegal, entliessen jedoch keine Arbeiter, sondern zogen ihnen lediglich drei Tageslöhne ab. Mit der Streikaktion forderten die Gewerkschaften gleichzeitig eine offene Aussprache mit den jeweiligen Firmenleitungen, um darzulegen, weshalb sich die Gewerkschaften von den starken Einschränkungen im neuen Gesetz bedroht fühlten. Beide Firmen lehnten Gespräche mit der zuständigen Gewerkschaft CAWU ab, obwohl sie behaupteten, über das neue Gesetz nichts zu wissen. Die Vertrauensleute der Gewerkschaft boten ihnen eine Information an. Die Firmen beharrten jedoch auf ihrem Standpunkt, dass sie nicht über «Politik» diskutierten.

Bei früheren Streiks hat sich die Firma Pioneer Crushers ähnlich verhalten wie die Alusaf: Während eines achtwöchigen Streiks von 1986 wurden sämtliche Arbeiter entlassen, die sich am Streik beteiligt hatten. Die Betroffenen waren grossenteils Wanderarbeiter aus der Transkei, und die meisten unter ihnen arbeiteten bereits zwischen 15 und 25 Jahren für die Firma. Später stellte das Unternehmen zwar alle Arbeiter wieder ein, doch sie galten als neuangestellt und hatten nach Leseart der Firma entsprechend weniger Dienstjahre. Im Klartext: Auch sie verloren ihre Ansprüche auf Sozialversicherung. Besonders skandalös erscheint in diesem Falle, dass sie nicht nur die Firmenbeiträge für die Pensionskasse verloren, sondern auch ihre eigenen Beiträge! Kurze Zeit später entliess die Firmenleitung erneut 25 am Streik beteiligte aktive Gewerkschafter. Die Firma behauptete, diese Entlassungen erfolgten aus «wirtschaftlichen Gründen», doch für die Arbeiter ist es klar, dass sie damit die Gewerkschaft schwächen wollte. Von seiten der Betriebsführungen taucht gegenüber dem organisierten Personal immer wieder die Behauptung auf, die unabhängigen Gewerkschaften seien zu streikfreudig und würden ohne Bedenken Arbeitsniederlegungen provozieren. Von unseren Gesprächen mit den aktiven COSATU-Gewerkschaftern können wir diesen Eindruck in keiner Weise bestätigen. Zu schwerwiegend sind die Konsequenzen, die die Arbeiterschaft bei diesen Streiks zu tragen hat. Das zeigen die vorgenannten Beispiele eindrücklich. Auf der andern Seite aber ist die Not der Werktätigen gross, was nicht zuletzt auf die schwierigen Lebensbedingungen im Apartheidstaat zurückzuführen ist. Deshalb sind die Arbeiter durchaus bereit, auch existenzgefährdende Risiken einzugehen.

Besonders eindrücklich erlebten wir das bei einem Meeting der Everite-Arbeiter, das vor dem Streik im Sommer 1989 stattfand. Mehr als hundert gewerkschaftlich organisierte Arbeiter nahmen an diesem Meeting nach Feierabend im Hostel beim Werk Klipriver teil. Die gewählten Vertrauensleute und die Funktionäre berichteten über die gescheiterten Verhandlungen mit der Firmenleitung. Nach dem erwähnten neuen Arbeits-Gesetz darf die Gewerkschaft keinen Streik ausrufen, bevor sie sich nicht in drei Verhandlungsrunden mit dem Arbeitgeber auseinandergesetzt hat. Kommt keine Einigung zustande, geht die strittige Angelegenheit ans Arbeitsministerium, das zwar keine Schlichtungskompetenz hat, sondern lediglich bestimmt, ob ein allfälliger Streik legal oder illegal ist. Die Vertrauensleute der Everite berichteten an diesem Meeting, dass die Firma zu keiner Annäherung bereit sei. Die Gewerkschaft hatte ursprünglich eine Lohnerhöhung von 1.80 Rand in der Stunde verlangt, später auf 1.03 und zum Schluss auf 0.85 reduziert. Die Firma hatte 50 Cents für die niederen Einkommen und 70 Cents für die höheren Einkommen vorgenommen und jede weitere Forderung abgelehnt. Diese Lohnerhöhungen waren allerdings zum Zeitpunkt der Verhandlungen von der Teuerung bereits wieder aufgefressen worden und die Gewerkschafter betonten, dass sie um eine Reallohnerhöhung für alle kämpften und sich gegen die Spaltung der Arbeiterschaft in zwei Klassen wehrten. Über das weitere Vorgehen debattierten nun die Arbeiter an einem Meeting. Die Diskussion wurde vor allem von der Basis geführt. Es waren kurze, prägnante Voten, in denen die Arbeiter ihre Meinung vertraten, so dass viele Leute zu Wort kommen konnten, obwohl sie sich in verschiedenen Sprachen ausdrückten und eine Übersetzung unumgänglich war. Die grosse Mehrheit der Votanten sprach sich für einen Streik aus, vor allem weil die Firma nicht das geringste Zeichen eines Entgegenkommens setzte. Es gab allerdings Bedenken und Einwände, die vor allem mögliche Konsequenzen eines derartigen Streiks betrafen. In der Schlussabstimmung war die Situation jedoch eindeutig: Eine überwältigende Mehrheit der Arbeiter sprach sich für den Streik aus.

Dieser nationale Streik der Everite-Arbeiter fand im Sommer 1989 statt. Wie es die Arbeiter vorausgesehen hatten, wurde er von der Firmenleitung mit aller Härte abgewehrt: Streikbrecher wurden engagiert, die Polizei griff ein. Es kam zu gewalttätigen Auseinandersetzungen, und die Gewerkschaft hat einen Toten zu beklagen. 13 Wochen dauerte der Streik. Er hat keine konkreten Erfolge gebracht. Aber der Arbeitgeberseite ist es auch nicht gelungen, die Widerstandskraft der Gewerkschaft zu brechen, was sie offensichtlich mit ihrem unerbittlichen und kompromisslosen Vorgehen beabsichtigte. Denn wie anders ist es zu erklären, dass die Firmenleitung vor und während des Streiks kein Entgegenkommen zeigte und selbst gegen Ende des Streiks auch über die stark reduzierten Lohnforderungen der Gewerkschaft – es ging noch um eine Differenz von 35 respektive 15 Cents – nicht diskutieren wollte? Trotzdem reagierte die Schweizer Stammfirma Eternit masslos verärgert auf die Proteste der schweizerischen Gewerkschaften und nahm die Firmenleitung in Südafrika vorbehaltlos in Schutz. Bleibt anzumerken, dass sich die Firma Everite in allen Betrieben sehr gut auf diesen Streik vorbereiten konnte. Die Arbeiter berichteten, dass Everite zur Zeit der Verhandlungen ihre Lagerbestände total auffüllte und auch Streikbrecher engagieren konnte. Kein Wunder also, dass sich die Gewerkschaften durch das neue Arbeitsgesetz in ihren Handlungsmöglichkeiten beeinträchtigt fühlen.

Die Lohnfrage steht im Vordergrund der gewerkschaftlichen Forderungen. Aber im Gegensatz zu den Lohnkämpfen unserer Gewerkschaften wird die Lohnfrage für südafrikanische Gewerkschaften zum Kampf um die nackte Existenz. Die hohe Inflation der vergangenen Jahre droht die errungenen Erfolge sofort wieder wettzumachen. Die Löhne für die afrikanischen Arbeiterinnen und Arbeiter orientieren sich zudem seit Jahrzehnten am Existenzminimum – oder bildlicher und präziser ausgedrückt: Am Überlebensminimum. Auch das gehört zu den Mechanismen der totalen Ausbeutung im System der Apartheid. Und diese Praxis ist so alt wie die Apartheid selbst: Nach einer hektischen Wachstumsphase der südafrikanischen Wirtschaft in den Dreissigerjahren mit ihren negativen sozialen Auswirkungen – Slumbildung, Überangebot an Arbeitskräften, extrem niedrigen Löhnen, sozialen Spannungen – wurden die ersten wissenschaftlichen Untersuchungen durchgeführt, die eine «Poverty Datum Line» (PDL) ermittelten (Batson, 1942). An dieser Armutsgrenze orientierten sich fortan die Löhne im ganzen Land. Erst nach dreissig Jahren – und wiederum unter dem Druck von sozialen Unruhen in den frühen Siebzigerjahren – wurden diese Armutsgrenzen in Frage gestellt. Verschiedene südafrikanische Universitäten errechneten neue Existenzminima, die der Wohnsituation und den Lebensbedingungen in der fortschreitenden Industriegesellschaft Rechnung zu tragen versprachen. So entstand eine verwirrende Vielfalt von Berechnungen von Mindesteinkommen. Die einen – zum Beispiel HSL und MLL – orientierten sich nach wie vor am knappen Überleben, die andern gaben sich etwas fortschrittlicher; sie fügten zum Beispiel die (zur Arbeit unerlässlichen!) Transportkosten (SSL) oder auch Ausgaben für persönliche Bedürfnisse (HEL) hinzu. Seither reisst die Diskussion über diese Minimumsberechnungen nicht ab. Es würde in diesem Rahmen zu weit führen, genaue Details über die «Standards» wiederzugeben. Um ein grobes Bild zu vermitteln, drucken wir hier einige der neueren Zahlen ab:

Bedarf für einen fünfköpfigen Haushalt

	Johannes-burg	Landes-durchschnitt
HSL (Household Subsistence Level)	R 536.38	R 591.70
HEL (Household Effective Level)	R 804.75	R 737.55
MLL (Minimum Living Level)	R 591.10	R 531.95
SLL (Supplementary Living Level)	R 788.18	R 711.52

Bedarf für einen sechsköpfigen Haushalt

HSL	R 604.70	unbekannt
HEL	R 907.05	unbekannt
MLL	R 689.14	R 642.36
SLL	R 919.33	R 854.60

(Diese Zahlen basieren auf den Berechnungen für August 1989. Lohnangaben in der Reportage sind zum Teil von Anfang 1989 – also vor der allgemeinen periodischen Anpassung. Inflationsrate zu jenem Zeitpunkt: 13 Prozent!)

In der Auseinandersetzung um die Löhne berufen sich die Arbeitgeber in Südafrika immer wieder auf diese Werte, und sie beeindrucken damit vor allem die möglichen Kritiker in Europa und den USA. Man muss sich aber vor Augen halten, dass viele dieser Standards wirkliche Armutsgrenzen – und nicht Existenzminima in unserem Sinne – sind. Selbst der Verhaltenskodex der Europäischen Gemeinschaft, der die Berechnungen des SLL als Minimumsgrenze für eine sechsköpfige Familie empfiehlt, folgt diesem Muster. Seine frühere Empfehlung, den 1½fachen SLL als Minimum anzunehmen, liess er auf Druck der transnationalen Unternehmen fallen. Es ist penibel, dass viele ausländische Niederlassungen ihre extrem niedrigen Löhne mit diesem Kodex rechtfertigen und zudem die Zahlen in ihrem eigenen Interesse nach unten zu biegen versuchen. Zudem übersehen sie elegant die zahlreichen weiteren Empfehlungen des EG-Kodexes in bezug auf Nebenleistungen, Unterkunft und Häuserbau.

Löhne von 400 bis 500 Rand im Monat sind in Südafrika Hungerlöhne – das kann man ohne Übertreibung feststellen. Denn derartige Löhne reichen für den Einzelnen kaum aus, geschweige denn für eine Familie. Die Mindestlohnberechnungen gehen meistens von Familiengrössen von fünf Personen aus. Für die derzeitige Lebenswirklichkeit der schwarzen und auch der farbigen und asiatischen Bevölkerungsgruppen trifft das nicht zu. Die meisten afrikanischen Werktätigen haben mehr Personen zu versorgen – vorab Kinder und Eltern, aber auch arbeitslose Verwandte und Angehörige in den Homelands. Verschärft wird die Situation einerseits durch die hoffnungslose Lage in den Homelands, anderseits durch das starke Nachhinken der Sozialversicherung. Schwarze Arbeiter wurden zum Beispiel vor 1972 nicht in Pensionskassen aufgenommen.

Es ist nicht einfach, die Beziehungen zwischen Löhnen und Lebenskosten in einem fremden Land zu beurteilen. Als sehr grober Massstab für städtische Verhältnisse darf ein Vergleich zwischen Schweizerfranken und Rand im Verhältnis 1 : 1 angenommen werden. (Der Rand ist ungefähr 40 Prozent niedriger bewertet als der Schweizerfranken.) Dies gilt insbesondere für Lebensmittel und gewisse Verkehrskosten (Auto und Flugzeug). Dienstleistungen dürften leicht darunter liegen. Haus- oder Wohnungsmieten für Schwarze sind sicher tiefer; die Qualität der Behausungen ist allerdings nicht vergleichbar. Im Jahre 1989 war bei den Lebensmitteln wiederum ein rasanter Preisansteig zu verzeichnen. Betroffen waren vor allem die Hauptnahrungsmittel. In Südafrika wird zudem auf alle Waren und Dienstleistungen eine Taxe (direkte Steuer) von 13,5 Prozent erhoben. Davon ausgenommen sind gewisse Nahrungsmittel des lebensnotwendigen Bedarfs, zum Beispiel Frischmilch und frisches Gemüse. Nun ist aber anzumerken, dass die schwarze Bevölkerung diese Lebensmittel oft nicht konsumieren kann, weil viele von ihnen über keine entsprechenden Lagermöglichkeiten verfügen. UP-Milch ist aber von der Befreiung der Taxe ausgenommen. Betroffen sind also wiederum die Townshipbewohner. Ebenso skandalös ist die Tatsache, dass die Index-Berechnungen nach Rassen getrennt werden. Die Warenauswahl, die dem SLL-Standard zugrundeliegt, sieht zum Beispiel für schwarze Kinder Magermilch und für weisse Kinder Vollmilch vor. Der schwarzen Bevölkerung wird keine Tageszeitung, sondern lediglich eine Monatszeitschrift zugestanden. In diesem Warenkorb gibt es keine Nachthemden für schwarze Frauen; schwarze Kinder sollen nur alle zwei Jahre eine neue Baumwollhose und einen Pullover erhalten. Die Liste liesse sich beliebig fortsetzen.

Auf diesem Hintergrund muss die Kampagne für einen «Lebenssichernden Lohn» – die Living-Wage-Kampagne – betrachtet werden. Der Gewerkschaftsbund COSATU hat diese Kampagne 1987 lanciert und kämpft seither für die Anerkennung seiner Mindestberechnungen für einen «lebenssichernden und menschenwürdigen Lohn», die für das Jahr 1989 einen Minimumlohn von 1100 Rand für eine fünfköpfige Familie ermitteln. Diese Berechnungen sind keineswegs verschwenderisch (wenn man sie zum Beispiel mit dem HEL vergleicht). Sie basieren aber auf der sozialen Wirklichkeit. So nehmen sie eine Haushalts- oder Versorgungsgrösse von neun Personen an. Berücksichtigt wird auch die schwierige Lage auf dem Wohnungsmarkt. Ferner werden die vollen Transportkosten für Arbeits-, Einkaufs- und Schulwege abgedeckt. Und schliesslich gestehen sie den arbeitenden Menschen auch persönliche Bedürfnisse zu – etwa einen Theater- oder Kinobesuch und eine Tageszeitung.

Immer wieder hört man von seiten der Wirtschaft, dass diese Living-Wage-Forderungen überrissen seien und die Wirtschaft des Landes ruinieren würden. Vergleicht man diese Mindestlohnforderungen allerdings mit den Löhnen weisser Angestellter, werden diese Behauptungen relativiert.

Die Durchschnitts-Jahreseinkommen von Fabrikarbeitern nach Rassen:

für Schwarze	für Farbige	für Asiaten	für Weisse
R 9 875.70	R 10 147.08	R 13 700.53	R 32 000.00

(aus «Employment and Saleries and Wages by Certain Major Divisions», Tabelle 1. Berechnungen für August 1989)

Gewerkschaft und Politik

Die COSATU-Zentrale befindet sich im Geschäftszentrum von Johannesburg in einem jener gesichtslosen, modernen Gebäude, wie sie das Bild von Johannesburg prägen. Kaum eine Stadt dürfte so radikal genutzt sein, wie diese Hauptstadt des Goldes. Selten findet man noch Spuren von älteren Gebäuden, reihenweise ziehen sich die billig gebauten Beton-Glas-Hochhäuser wie Fluchten; die meisten von ihnen stammen aus den letzten zwanzig bis dreissig Jahren.

Wie andere dieser Hochhäuser ist auch das Gewerkschaftsgebäude gut bewacht und der Eingang zum Zentralsekretariat ist mehrfach abgesichert. Das hat seine Gründe. Nachdem die alte Zentrale durch einen Bombenanschlag zerstört wurde, sehen sich die Gewerkschafter vor.

In der Zentrale herrscht allerdings eine gelockerte Atmosphäre. Die Empfangshalle ist gross und offen, und über die Gänge eilen Gewerkschaftsangestellte jeglicher Hautfarbe, Schwarze, Weisse, Farbige, Asiaten, Männer und Frauen, die in einer selbstverständlichen kollegialen Weise miteinander verkehren.

Wir sind zu einem Gespräch mit dem Generalsekretär Jay Naidoo verabredet. Er ist ein junger Mann indischer Abstammung, eine hohe, schlanke Gestalt mit einem ernst wirkenden Gesicht. Er berichtet über die Arbeit des COSATU-Gewerkschaftsbundes. Da ist viel Kleinkram zu erledigen, den sie aber als Gewerkschafter ernst zu nehmen haben und der gewissenhafte Erledigung verlangt. Und überall, in allen Branchen, Probleme, Auseinandersetzungen. Immer dieser tägliche Kampf, der sie kaum verschnaufen lässt. «Natürlich», sagt Jay Naidoo, «sollten wir vermehrt auch Kontakte zu den ausländischen Gewerkschaften und anderen Institutionen pflegen, aber dafür fehlt meistens die Zeit.» Ihre Politik sei es, fährt der Generalsekretär fort, dass sie möglichst unabhängig bleiben wollen und aus eigenen Kräften versuchen müssen, die Verhältnisse in diesem Lande zu ändern. Vordringlich sei es, die Gewerkschaft zu stärken – also noch mehr Leute zu organisieren – und die gesamte unabhängige Gewerkschaftsbewegung, wenn nicht zu einigen, so doch besser zu koordinieren.

«In diesem Land», sagt Jay Naidoo, «kann man keine Gewerkschaftsarbeit leisten, wenn man sich nicht mit der Politik und also mit den Bedingungen der Apartheid befasst.» Darum ist ihre Arbeit wohl kaum mit der Gewerkschaftsarbeit in Europa zu vergleichen, umso mehr, als dieses Engagement neben der ureigensten, traditionellen Gewerkschaftsarbeit herläuft. Und wieder klingt dieses leise Bedauern an: «Wir müssten noch viel mehr leisten!» Vor ihnen stehen riesige soziale Aufgaben, und schliesslich hätten sie einen guten Teil an Bildungsarbeit nachzuholen. Die Zeit reicht allerdings oft nicht aus, um allen diesen Anforderungen gerecht zu werden.

In der Tat, hier, bei den südafrikanischen Gewerkschaften, spürt man wenig von der vielzitierten afrikanischen Lebensweise, in der die Zeit keine entscheidende Rolle spielt. Im Gegenteil: Diese Menschen sind gefordert – und manchmal auch überfordert. Das hat wiederum mit den speziellen Verhältnissen in Südafrika zu tun. Da die unabhängigen Gewerkschaften die einzigen über eine längere Zeitdauer legal geduldeten Oppositionskräfte sind, fallen ihnen auch die politischen Aufgaben zu, die in anderen Industrienationen linke und fortschrittliche Parteien übernehmen.

Nach der Philosophie der südafrikanischen Gewerkschaften kann es auch nicht darum gehen, nur die Arbeitsbedingungen der Werktätigen zu verbessern und ein kapitalistisches Land nach westlichem Muster aufzubauen. Zu gross ist die Zahl der Arbeitslosen und der Menschen, die buchstäblich an die Ränder gedrängt werden. Eindringlich wurde uns das anlässlich von zwei Gesprächen mit Funktionären der Bauarbeitergewerkschaft CAWU bewusst. Mandla ist Gewerkschaftsobmann, aber gleichzeitig Vertrauensmann bei Pioneer Ready Mix-Concrete – einer Firma, die mit dem schweizerischen Thomas Schmidheiny-Konzern verbunden ist. Seit achtzehn Jahren arbeitet Mandla in der Firma. Das schützt ihn allerdings vor Schikanen nicht. Er wird zum Beispiel von Vorgesetzten kontrolliert, wie oft er aufs WC geht und sogar ostentativ danach gefragt. «Das ist eine Schande!» – ist unsere spontane Reaktion. Er aber zuckt die Achseln und sagt: «Vielen von uns passiert das.»

Mandla ist ein älterer, gesetzt wirkender Mann. Seit der Gründung der Gewerkschaft ist er aktiv, und dementsprechend engagiert. Die Gewerkschaft hat im Zuge einer nationalen Kampagne auch das Management seiner Firma auf die Ungerechtigkeiten im neuen Gesetz über Arbeitsbeziehungen angesprochen und sie gebeten, das Gesetz zurückzuweisen. Pioneer Ready Mix-Concrete wollte davon aber nichts wissen. «Sie sind nicht besser als andere», sagt Mandla trocken. In der CAWU und anderen Gewerkschaften ist die Idee entwickelt worden, ein eigenes, gewerkschaftsfreundliches Gesetz zu entwerfen und es mit dem verhassten zu konfrontieren.

«Wir kämpfen nicht nur um unser tägliches Brot», sagt Mandla zum Abschluss unseres Gesprächs, «sondern wir wollen die Lebensbedingungen aller verändern. Es wäre nicht gut, wenn wir mit Scheuklappen vor den Augen nur die eigene Fabrik, oder die eigene Branche sehen würden. Wir müssen das Ganze im Auge behalten.» Und manchmal träumte er von einem Neubau Südafrikas, von einem neuen Land, in dem niemand diskriminiert wird – weder Schwarze noch Farbige noch Weisse noch irgendwer.

Ähnlich argumentiert auch ein CAWU-Kollege, den wir auf die Sanktionsfrage ansprachen. «Natürlich», sagt er, «begrüssen wir alle Bemühungen, die zum Abbau des Apartheidstaates führen und wir unterstützen auch die kleinsten Schritte. Wichtig ist aber auch die Hilfe von aussen, und Sanktionen sind unumgänglich in diesem langwierigen Kampf, obwohl sie uns grosse Probleme bringen werden. Denn es geht nicht nur um die Arbeiter und um die Gewerkschaften, sondern es geht um das ganze Volk, auch um diejenigen, die keine Arbeit haben.»

Es versteht sich von selbst, dass wir die Identität dieses Gewerkschafters – auch nicht andeutungsweise – preisgeben, denn das Bekenntnis zu Sanktionen könnte ihm nicht nur die Stelle kosten, sondern ihm auch einen Prozess wegen Landesverrat einbringen. Deshalb sind alle Umfragen über Sanktionen so fragwürdig, denn kein vernünftiger Mensch in Südafrika wird sich öffentlich für Sanktionen aussprechen, weil er sonst bereits mit einem Bein im Gefängnis steht.* Jedenfalls haben wir unter den Dutzenden, ja

* Anmerkung: In diesem Punkt hat in den letzten Monaten eine Klimaveränderung stattgefunden: Die Menschen wagen in Südafrika heute offener zu sprechen.

Hunderten von Gewerkschaftern, mit denen wir gesprochen haben, nicht einen einzigen gefunden, der sich gegen Sanktionen ausgesprochen hätte.

Über eine andere Form von internationalem Druck haben wir mit Berni Fanaroff, einem Sekretär in der Johannesburger Zentrale der NUMSA – der Metallarbeiter-Gewerkschaft – gesprochen: Über das 14-Punkte-Programm der IG-Metall. Deutsche Gewerkschafter haben in einer grossen Anstrengung und in Zusammenarbeit mit den südafrikanischen Metallern einen Kodex ausgearbeitet, der westdeutsche Unternehmen in Südafrika in Pflicht nehmen will.

Die westdeutsche Gewerkschaft IG-Metall hat alle in Südafrika tätigen westdeutschen Unternehmen der Metallbranche mit diesem 14-Punkte-Programm konfrontiert, und sie aufgefordert, ihre Verantwortung wahrzunehmen und die Menschenrechte mindestens in ihrem Bereich so zu respektieren, wie es in ihren Ursprungsländern üblich ist. Es war keine leichte Auseinandersetzung, und zähe Verhandlungen waren vonnöten. Nach anfänglichem Sträuben haben sich einige grosse Firmen wie BMW, Volkswagen, Daimler-Benz, Hella und Bosch dazu durchgerungen, das 14-Punkte-Programm vertragsmässig zu unterzeichnen. Doch Hella hat den Betrieb am Vorabend der offiziellen Unterzeichnung verkauft. Und auch Siemens hat ein übles Spiel getrieben. Diese Firma hat die Vereinbarung unter Vorbehalten unterzeichnet, aber schon kurz darauf 140 Arbeiter entlassen. Diese Entlassungen wurden zwar auftragsbedingt begründet, aber die Gewerkschaften sind davon überzeugt, dass Siemens in Südafrika mit ihren Entlassungen die Gewerkschaften für die in der Bundesrepublik durchgesetzten Verträge strafen wollte. Die anderen Unternehmen stehen zum 14-Punkte-Programm der IG-Metall-Vereinbarung, obwohl noch viele Detailfragen offen sind und ihrer Regelung harren. Die Zukunft wird zeigen, ob sie den Arbeitern etwas bringt. «Trotzdem», so äussert sich Bernie Fanaroff von der NUMSA, «ist die IG-Metall-Vereinbarung für uns sehr wichtig und nicht zu vergleichen mit anderen Codices und Vereinbarungen, weil sie doch wesentlich weitergeht als jene und klar restriktive Bestimmungen im neuen Arbeitsgesetz ablehnt.» Das sehe man auch am konsequent formulierten Streikrecht, das

Die 14 Punkte des IG-Metall-Mindeststandards für Arbeitsbeziehungen und Arbeitskonflikte:

Apartheid
1. Verzicht auf die Wahrnehmung von Vorteilen, die die Apartheidsgesetze insbesondere im Hinblick auf die Homelands bieten.

Sicherheits- und Notstandsgesetze
2. Verzicht auf die Wahrnehmung von Vorteilen und die Nutzung der Sicherheits- und Notstandsgesetze, das heisst insbesondere Lohnfortzahlung und Fortbestand des Arbeitsverhältnisses für unter Notstandsrecht und rechtsstaatswidrig verhaftete und abgeurteilte Arbeitnehmer.

Arbeitsbeziehungen
3. Bereitschaft zu Verhandlungen auf Betriebsebene mit der zuständigen Gewerkschaft über alle betriebsspezifischen Angelegenheiten;
4. Recht des Zugangs zum Betriebsgelände;
5. Zurverfügungstellung von Einrichtungen für Versammlungen und Abstimmungen auf dem Betriebsgelände ohne Einmischung des Managements;
6. Gewährleistung von Shop-Steward-Rechten einschliesslich der erforderlichen Sach- und Personalmittel;
7. Recht der Gewerkschaften, ihre Mitglieder in Disziplinar- und Beschwerdeverfahren zu vertreten;
8. Anerkennung des Streikrechts, d. h. keine Entlassungen wegen der Teilnahme an einem gewerkschaftlichen Streik;
9. Recht auf friedlichen Einsatz von Streikposten auf dem Betriebsgelände;
10. Verzicht auf undemokratische Möglichkeiten des Industrial-Council-Systems (Industrieräte) zur Illegalisierung von Streiks und keine Berufung hierauf;
11. Einverständnis, jedweden Arbeitskonflikt der von einem südafrikanischen Gericht entschieden werden könnte, an ein von beiden Seiten akzeptiertes Schiedsgericht zu übertragen;
12. Verpflichtung, das Wohnrecht in Wohnheimen und Firmenwohnungen nur im Zusammenhang mit einer gerechtfertigten Beendigung des Arbeitsverhältnisses in Frage zu stellen.

Schutz vor Umgehung
13. Verpflichtung, die Einhaltung dieser Standards auch bei Unternehmen, die ihrerseits von den südafrikanischen Tochtergesellschaften abhängig sind, und bei Franchise-Nehmern sicherzustellen.

Berichtspflicht
14. Verpflichtung zur jährlichen Berichterstattung über die Einhaltung dieser Grundsätze in jedem Betrieb an die zuständige südafrikanische Gewerkschaft und seitens des deutschen Mutterunternehmens an den Gesamt- und Konzernbetriebsrat.

auch Streikposten auf dem Firmengelände miteinschliesst. Ein solches Recht mag in andern Ländern unsinnig oder gar übertrieben sein, in Südafrika ist es jedoch unabdingbar, weil – wie wir an zahlreichen Beispielen von Streiks gesehen haben –, das Demonstrationsrecht sehr stark eingeschränkt ist. Trotzdem, so sagt Fanaroff, ein weisser Sekretär und Spezialist für derartige internationale Verträge, sei das Abkommen mit der IG-Metall nicht der einzige Weg zur Veränderung der südafrikanischen Gesellschaft. Dazu brauche es noch mehr, also noch mehr internationale Solidarität und auch Druck gegen das Apartheidsregime. Zu diesen grundsätzlichen Fragen gehöre auch die Disinvestment-Kampagne, die der COSATU unterstützt.

Mit dieser Kampagne hat der Gewerkschaftsbund die ausländischen Investoren aufgefordert, sich geordnet zurückzuziehen. Auch das sei ein Weg, um aufzuzeigen, dass Südafrika unter dem Apartheidsystem keine Zukunft habe, meint Fanaroff. Jedenfalls möchte die NUMSA, die die Verträge mit der IG-Metall aktiv unterstützt, nicht in den Ruf kommen, dass sie damit die Disinvestment-Kampagne unterlaufe. «Man kann beide Wege verfolgen», sagt Bernie Fanaroff, «das Eine schliesst das Andere nicht aus. Im Gegenteil: Vielleicht ergänzen sich die beiden Dinge.»

Nun soll aber nicht verschwiegen werden, dass über die Disinvestment-Kampagne und vor allem über ihre Auswirkungen in der Gewerkschaft verschiedene Meinungen anzutreffen sind. Es gibt da und dort Zweifel, ob ein Rückzug von Firmen in jedem Fall erwünscht sei. Sorgen bereiten vor allem jene Fälle, in denen Investoren zwar mit viel Lärm ihren Rückzug bekanntgaben, aber durch geheime Firmen-Neugründungen doch im Lande präsent bleiben. Auf diese Weise könnten die internationalen Verflechtungen noch schwieriger durchschaubar werden. Vor allem bei der Bergarbeitergewerkschaft gab es gewisse Widerstände gegen die Disinvestment-Kampagne. Die deutsche IG-Metall ihrerseits unterstützt die Disinvestment-Kampagne nicht, aber sie hat sich klar für Sanktionen ausgesprochen. Diese Details zu wissen, ist unter Umständen wichtig, denn viele Unternehmen versuchen gerade in der Sanktionsfrage die Gewerkschafter in den verschiedenen Ländern gegeneinander auszuspielen.

Am Tag vor unserer Abreise aus Südafrika gingen wir nochmals zur COSATU-Zentrale, um uns von den dortigen Kolleginnen und Kollegen zu verabschieden: Wir warten in der Eingangshalle, uns gegenüber sitzt eine junge, schwarze Frau hinter einem Schreibtisch, der offen in der Eingangshalle steht. Sie empfängt hier die Leute, meldet sie an und bedient das Telefon. Plötzlich ein Begeisterungsschrei. Mit dem Telefonhörer in der Hand ruft die Frau: «Sie sind freigesprochen, alle, alle sind frei!» Die Angestellten laufen aus den Büros zusammen, die Aufregung ist gross. An diesem Tag fand der Prozess gegen den NUMSA-Generalsekretär Moses Mayekiso seinen Abschluss. Mayekiso und vier Mitangeklagte wurden der Gründung einer terroristischen Vereinigung und des Hochverrats beschuldigt, weil sie im Township Alexandra Selbsthilfekomitees gegen die Übergriffe der Polizei und der Todeskommandos gegründet hatten. Mayekiso selbst befand sich bis Weihnachten 1988 fast 900 Tage in Einzelhaft. Lange Zeit war er mit der Todesstrafe bedroht; diesen Antrag liess die Staatsanwaltschaft allerdings vor dem Hauptprozess fallen. Noch immer aber drohte Mayekiso und seinen Mitangeklagten eine lange Gefängnisstrafe. Doch der Prozess vor dem obersten Gerichtshof verlief nicht nach dem bisherigen Muster der Apartheid-Justiz. Der Richter P.J. van der Walt begründete das Urteil in einer mehr als fünfstündigen Rede. Er beleuchtete die heutige Situation in den Townships. In einem historischen Überblick bestätigte er die gewaltsamen Übergriffe der Polizei in Alexandra. Und er zog daraus die Schlussfolgerung, dass in einem Staate, der der schwarzen Bevölkerung kein demokratisches Mitspracherecht gewähre, diese mindestens das Recht haben müsste, sich in friedfertigen Selbstverteidigungsko-

---

Die andere Seite

In den letzten zehn Jahren – also zwischen 1978 und 1988 – wurden in Südafrika 1335 Personen durch den Strang hingerichtet. Von der Todesstrafe weitaus am häufigsten betroffen sind schwarze Südafrikaner. In diesen Zahlen nicht inbegriffen sind die Hinrichtungen in den «unabhängigen Homelands».

Seit 1984 wurden mehr als 100 Leute im Jahr gehängt. Im Jahre 1987 waren es gar 181 Exekutionen, eingerechnet jene in den «unabhängigen Homelands».

mitees gegen Übergriffe dieses Staates zu wehren. Richter van der Walt trat übrigens nach dieser Urteilsbegründung von seinem Amt zurück. Es ist anzunehmen, dass er sich mit diesem Rücktritt jedem Druckversuch entziehen wollte.

Die Gewerkschafterinnen und Gewerkschafter im Johannesburger COSATU-Haus waren überrascht. Sie konnten es fast nicht glauben. Zu oft waren sie mit Niederlagen konfrontiert. Aber plötzlich brach sich die Freude Bahn; das Durcheinander war so gross, dass wir uns kaum mehr ordentlich verabschieden konnten.

Ein ausländischer Beobachter, der den Prozess verfolgt hatte, sagte uns später, dass dieses Urteil auch dank dem moralischen Druck der Weltöffentlichkeit und nicht zuletzt dank der internationalen Solidarität der Gewerkschaften ermöglicht wurde.

Schweizer Firmen in Südafrika

Die Politik der Schweizer Multis
RENÉE ROUX

Die Frage drängt sich auf, wie – falls überhaupt – die Schweizer Regierung, die Banken und Multis ihre fortdauernde Präsenz in Südafrika und die Ausnutzung des hier herrschenden Systems rechtfertigen. Die Firmen wenden mehrheitlich nicht einmal die an sich schon schwachen Richtlinien des EG-Kodexes an. Und in der Debatte um Disinvestment behaupten sie stolz, dass ihre «Neutralität» ehrlicher sei als die «heuchlerische» Haltung der Grossmächte: «Ansonsten müssten wir überall auf der Welt unsere Koffer packen.»

Die Firmen haben insgesamt nicht viel unternommen, um das wirtschaftliche und soziale Wohlergehen ihrer Arbeiter und damit die Verhandlungsposition der unterdrückten schwarzen Mehrheit zu verbessern. Ihre politische Haltung besteht bestenfalls in absolutem Desinteresse. Charakteristisch ist folgende Episode: Als die US-Firma General Motors einem schwarzen Arbeiter, der wegen der Benutzung eines «weissen» Strandes verurteilt wurde, die Gerichtskosten bezahlte, meinte ein Schweizer Manager dazu: «Wir könnten dies nie tun. Wir müssen uns an die lokalen Gesetze halten.»

Was unterscheidet die Haltung der Schweizer Multis beispielsweise von der der US-Firmen? Sicher spielen die relative Stärke der US-Multis und die schrumpfenden Märkte in Westeuropa eine Rolle. Zudem sehen sich die europäischen Firmen zuhause weniger Druck ausgesetzt, sie sind auch länger und tiefer in die Geschichte des südafrikanischen politischen und wirtschaftlichen Systems eingebunden. Sie stellen südafrikanische Manager an und gehen davon aus, dass eine Mehrheitsregierung das Land ins Chaos stürzen werde.

Erst wenn wir die Branchen betrachten, in denen die verschiedenen Unternehmen tätig sind, können wir deren unterschiedliche Schwierigkeiten in der gegenwärtigen politischen und wirtschaftlichen Krise Südafrikas verstehen und uns erklären, welchen wirtschaftlichen Sinn der Rückzug aus Südafrika macht. So sind Branchen wie etwa die Automobil-Industrie auf einen wachsenden lokalen Markt angewiesen und deshalb von der Krise hart getroffen. Firmen, welche Technologie nach Südafrika exportieren, leiden unter dem sinkenden Wert des Rand. Weil Firmen wie Oerlikon oder Brown Boveri relativ klein sind, aber über grössere langfristige Aufträge verfügen, konnten sie sich besser über Wasser halten.

Der wichtigste Unterschied liegt aber im politischen Druck auf die Multis – vor allem, aber nicht nur, in ihren Heimatländern. Die offensichtlichste Form von Druck ist die Forderung nach einem Verhaltenskodex. Der Sullivan-Code und der EG-Kodex unterscheiden sich in ihrem Inhalt wenig. Beide Kodizes zielen auf die Rechtfertigung einer weiteren Präsenz des Kapitals in Südafrika. (Näheres zu den Kodizes «Ein Streik ist kein Sonntagsspaziergang» und in: «Die Auseinandersetzung um Verhaltenskodizes und Sanktionen»)

Aber gerade weil amerikanische und südafrikanische Gewerkschaften den Sullivan-Code unablässig forderten, wuchs bei den US-Multis die Erkenntnis, dass die Regierung der Nationalen Partei eine profitable Zukunft ihrer Investitionen in Südafrika nicht garantieren kann. Die Firmen mussten die Bedingungen für ihre Arbeiter substantiell verbessern und damit sofort auf einen Teil ihres Extra-Profits verzichten. In einer zerfallenden wirtschaftlichen Umgebung erkennen sie, dass der Staat das Land in ein wirtschaftliches Chaos stürzt. Durch verschiedene Formen von Disinvestment und durch Druck auf die US-Regierung, gemässigte Veränderungen in Südafrika zu fördern, begrenzen die US-Multis kurzfristig ihre Verluste, erhalten sich politische Glaubwürdigkeit und erhandeln das langfristige Überleben des Kapitalismus in einer Nach-Apartheid-Gesellschaft.

Sind die Schweizer und andere einfach kurzsichtiger als die

Amerikaner, oder stehen sie möglicherweise dem weissen Minderheitsregime gegenüber in einer besonderen politischen oder ideologischen Verpflichtung? Ford- oder Coke-Manager liessen ebenfalls konservative und rassistische Bemerkungen fallen, bevor sie unter Druck gerieten. Mit dem wachsenden Druck in der Bundesrepublik – erwähnt sei das 14-Punkte-Abkommen der IG-Metall – beginnen sogar die engsten Verbündeten des Regimes laut über einen Rückzug nachzudenken. Die Stärke des Drucks wird darüber letztlich entscheiden.

Die Lage der Arbeiter
RENÉE ROUX

Die Angaben beruhen auf einer Reihe von Interviews mit Vertrauensleuten in ausgewählten Betrieben. Sie wurden so weit als möglich aufgrund anderer Quellen überprüft. Unser Interesse richtet sich darauf, was in den Betrieben und Produktionsstätten der Schweizer Multis wirklich geschieht. Wir unterlegten den Interviews einen Fragebogen, dessen wichtigste Ergebnisse wir hier zusammenfassen. (Viele Details aus den Befragungen wurden in den Reportagen «Begegnungen vor den Fabriktoren» und in «Die Schweizer Firmen von A bis W» verarbeitet.)

Allgemeines

Wir fragten die Arbeiterinnen und Arbeiter, wie lange sie bereits in der gleichen Firma arbeiteten, wo sie lebten und wo ihre Familien, weshalb und wann sie der Gewerkschaft beitraten. So erhielten wir eine Ahnung vom Leben, das die Leute ausserhalb der Fabriktore führen. In den meisten Fällen leben die Arbeiter ohne ihre Familien und sind seit langer Zeit am gleichen Ort beschäftigt. Sie erarbeiteten also das Wachstum des Betriebes über die letzten drei Jahrzehnte, weshalb ihr Wohlergehen auch eine Angelegenheit der Firma sein sollte.

Produktion und Arbeitsteilung

Profil der Schweizer Firmen
Zweifellos sind Schweizer Multis in strategisch äusserst wichtigen Bereichen des privaten und öffentlichen Sektors tätig und werden daher als wichtige Verbündete des Staates betrachtet. Die Aluminiumindustrie, entstanden als Jointventure, illustriert dies bestens: Aluminium ist eines der strategischen Metalle, welches in Südafrika als Rohstoff nicht vorkommt. Es ist aber entscheidend für die Waffenindustrie und den Luftverkehr – beide zur Erhaltung des Status Quo unabdingbar –, wie auch für den Energiesektor. Alusuisse hat dies möglich gemacht.

Asea Brown Boveri installiert Anlagen in staatseigenen Kraftwerken und anderen zentralen Elektro-Projekten, welche sowohl für die wirtschaftliche Infrastruktur wie auch für die lokalen Verwaltungen von entscheidender Bedeutung sind. Ciba-Geigy ist der grösste Lieferant von pharmazeutischen Produkten an die südafrikanische Armee und versorgt die Landwirtschaft mit wichtiger Technologie. Holderbank und Eternit haben schliesslich eine dominierende Stellung im Bauwesen und bis zu einem gewissen Ausmass auch im Bergbau.

Arbeitskräfte und Arbeitsteilung
In allen untersuchten Firmen scheint die rassische Arbeitsteilung weitgehend intakt, abgesehen von einigen eher symbolischen Anpassungen. Grundsätzlich sind alle Kaderpositionen und technisch qualifizierten Stellen mit Weissen besetzt, wobei ihre Herkunft aus Südafrika oder der Schweiz nicht von Belang ist. Diskriminierung gibt es bei der Zuteilung von Stellen und Ausbildung sowie durch die Förderung nicht repräsentativer und sowohl in ihrer Zusammensetzung als auch in ihrer Ideologie weitgehend rassistischer Gewerkschaften.

Wo schwarze Arbeiter befördert wurden, geschah es entsprechend der «rassischen» und politischen Spaltung der Arbeiterklasse, welche der Staat zwischen Afrikanern, «Asiaten» und «Farbigen» erzwingt. Durch die Bereitstellung entsprechender Bildungs- und Schulungsmöglichkeiten hat der Staat absichtlich versucht, verschiedene Teile der Arbeiterklasse gemäss rassistischen Kriterien zu gruppieren. Untersuchungskommissionen haben in den 20er Jahren die «asiatischen» Arbeiter als «geistig und handwerklich flink» und also gute Maschinisten bezeichnet. Später wurde der gleichen Gruppe attestiert, sie habe ausgezeichnete Aufsichts- und Verwaltungsqualitäten. Die sogenannten «farbigen» Arbeiter wurden als «mechanisch orientiert» beschrieben. All diese ideologischen Konstruktionen flossen in den Arbeitsprozess ein und sind in den untersuchten Firmen gut sichtbar.

Der Grossteil der «afrikanischen» Arbeiter sind Handlanger oder angelernt, in der Praxis leisten sie aber oft Facharbeit. In den meisten Firmen werden erfahrene afrikanische Arbeiter üblicherweise zugunsten von weniger erfahrenen weissen Arbeitern übergangen. Obwohl sonst in vielen Belangen an den gegensätzlichen Enden der Skala anzutreffen, bieten Alusaf und Ciba-Geigy klare Beispiele für Weisse in geschützter Anstellung.

Afrikanische Arbeiter werden viel eher in extra geschaffene Aufsichts-Positionen befördert als in Stellungen, welche wirklich durch den Arbeitsprozess bedingt sind. Dies wird als Mittel zur Kontrolle und Spaltung der Arbeiter empfunden. Bei Ciba-Geigy erwerben sich die schwarzen Arbeiter deutliche Qualifizierungen. Gleichzeitig wird mehr und mehr weisses Personal in Fachpositionen eingestellt.

Schaffung von Arbeitsplätzen

Die meisten untersuchten Firmen sind stark automatisiert. Die Schweizer Firmen beschäftigen über 20 000 Leute, aber nur Alusaf, Everite und Nestlé besitzen grössere Fabriken mit einer grossen Anzahl Arbeiter am gleichen Ort. Nur wenige dieser Firmen haben in den letzten vier, fünf Jahren nicht in grösserem Umfang Arbeiter entlassen. Gleichzeitig stellen wir für den gleichen Zeitraum verschiedene Zusammenschlüsse und Übernahmen sowie forcierte Rationalisierungen in den meisten Firmen fest. Aber nur im Bausektor stehen diese in direktem Zusammenhang mit Rezession und Krise.

Die meisten dieser Firmen weisen steigende Umsätze und steigende Profite aus. Trotzdem stieg die Beschäftigung im letzten Jahrzehnt nicht nennenswert an, ausser bei Alusaf nach der Übernahme einer japanischen Produktionslinie. Andere Steigerungen sind auf Zusammenschlüsse oder Übernahmen zurückzuführen – wobei auch dies einen Stellenabbau keineswegs ausschliesst, wie etwa Nestlé bei der Übernahme von Carnation bewies.

Die Vorgehensweise bei Stellenabbau war in nahezu allen Fällen unfair. Sie wurde oft dazu missbraucht, die Organisation der Arbeiter auf direkte Weise anzugreifen, indem beispielsweise Arbeiterführer entlassen wurden oder der Stellenabbau auf das angeblich schlechte Arbeitsklima zurückgeführt wurde.

Löhne

Schweizer Multis zahlen keineswegs immer die besten Löhne in ihren jeweiligen Branchen. Ciba-Geigy wurde in dieser Beziehung zum ersten Mal führend zu einer Zeit, als die chemische Industrie weltweit zu den besten Lohnzahlern aufrückte. Andere, nicht-schweizerische Chemie-Firmen liegen nicht weit zurück. Im Januar 1988 bezahlte Ciba-Geigy einen Minimallohn von R 850 pro Monat bei einer 40-Stunden-Woche, was einen Stundenlohn von R 4.94 ergibt. Der Nahrungsmittelproduzent Kellogs bezahlte damals R 5 die Stunde, ebenso wie der Chemie-Multi Reckitt and Collman. SAPREF, eine südafrikanische Chemie-Firma, bezahlte ab Juni 1988 R 5 die Stunde, und später in jenem Jahr schlossen sich ihr weitere Firmen an.

Die Frage ist, ob Firmen einen lebensgenügenden Lohn bezahlten oder nicht – einen Lohn, welcher dem Arbeiter einen angemessenen Lebensstandard ermöglicht, ein Dach über dem Kopf, Bildung, gesunde Ernährung, medizinische Betreuung, Kleider und Transportkosten. (Vgl. «Ein Streik ist kein Sonntagsspaziergang») Wissenschaftliche Untersuchungen ergeben sehr unterschiedliche Beträge eines existenzsichernden Mindestlohnes. Die entsprechenden Zahlen schwanken für 1988 zwischen R 931.18 und R 2590.76. Letztere Zahl ist vom Forschungsrat der Regierung ermittelt. Der EG-Verhaltenskodex hat für August 1988 einen Minimallohn von R 802.39 und für August 1989 einen solchen von R 854.38 empfohlen. Der Sullivan-Kodex forderte im September 1988 minimal R 830.65. Untersuchen wir die von Schweizer Multis bezahlten Minimallöhne und vergleichen wir sie mit diesen sehr konservativen Schätzungen, so wird deutlich, dass nur Ciba-Geigy und die Johannesburger Fabrik der Nestlé sich an die Empfehlungen des EG-Kodexes hielten.

Minimallöhne in schweizerischen Niederlassungen

Unternehmen	Brutto-Minimallohn pro Monat 1988–89 *	Brutto-Minimallohn pro Monat 1989–90 *
Alusaf	R 630.81	R 723.69
Pioneer Crushers (Anglo Alpha)	R 565	in Verhandlung: Firma für 725, Gewerkschaft für 800
Hippo Quarriers (Anglo Alpha)	R 615	R 774
Cappa-Sacks (Anglo-Alpha)	R 632.27	R 753
Everite	R 643.95 (für 1989)	R 768
BBC Oerlikon	R 605.66	
Kent Meters (ABB)	R 586.31	R 688.86
Oerlikon Electrodes	R 638.55	R 756.80
Schindler	R 619.20	R 619.20
Nestlé in Johannesburg in Durban	R 813 R 738	R 938 R 739
Ciba Geigy in Johannesburg in Brits	R 850 R 765	R 1160 R 1160

* Gültigkeit: zum Teil von Juli bis Juli, zum Teil Januar bis Januar.

Andere Arbeitsbedingungen

Allgemein gesehen sind die übrigen Arbeitsbedingungen ebenso unangemessen wie die Löhne und wurden bisher durch Verhandlungen nicht wesentlich verbessert. Weil die Minimallöhne so tief sind, bleiben sie stets der wichtigste Punkt in den Verhandlungen, weshalb andere Aspekte wie beispielsweise die Arbeitszeit gerne vernachlässigt werden. Ob Arbeitgeber bereit sind oder nicht, neben den Löhnen auch die Arbeitsbedingungen zu verbessern, ist ein guter Massstab für ihre generelle Haltung den Arbeitern gegenüber.

In sämtlichen untersuchten Betrieben mit Ausnahme von Ciba-Geigy wurde die Arbeitszeit in den letzten Jahren nicht wesentlich verkürzt. Die meisten Firmen erwarten im Gegenteil von den Arbeitern längere Überstunden und bezahlen dafür in der Regel nicht mehr als einen Drittel zum normalen Stundenlohn. Andere Ruhezeiten wie Feiertage und jährliche Ferien beschränken sich auf das gesetzliche Minimum.

Keine der Firmen gewährt die von COSATU geforderten sechs Monate bezahlten Mutterschaftsurlaub. Ciba-Geigy und Nestlé geben vier Monate mit einem Drittel des Lohnes. Zudem kann die Arbeiterin theoretisch 45 Prozent von der staatlichen Arbeitslosenkasse beziehen, der sie ihre Beiträge entrichtet. In Tat und Wahrheit sind aber diese Gelder kaum einmal erhältlich, wenn sie gebraucht werden.

Die besten Bedingungen bestehen in der Metallbranche, wo die NUMSA ohne Unterstützung durch die konservativen Gewerkschaften ein Jahr damit verbrachte, im Industrierat bessere Bedingungen zu fordern. 1987 wurde ein Abkommen erreicht, welches den Frauen ihre Stelle für sechs Monate garantiert – obwohl sie «zur Kündigung gebeten» werden können. Der Taggeld-Fonds der Metallbranche, welcher von den Arbeitern und den Firmen geäufnet und vom Industrierat verwaltet wird, bezahlt der Frau die Hälfte des Minimallohnes in ihrer Position für drei Monate, falls sie mindestens zwei Dienstjahre hat. Sie muss ebenfalls bei der Arbeitslosenkasse 45 Prozent beantragen.

Die Firmen fühlen sich für Schutz und Sicherheit nicht verantwortlich. Sogar bei Everite, wo die Arbeiter über Jahrzehnte mit Asbestosis infisziert wurden, konnte die Firma nur durch einen Kampf zur Übernahme der Verantwortung bewegt werden.

Soziale Verantwortung

Bildung, Unterkunft, medizinische Versorgung und Einkommen im Pensionsalter oder bei Krankheit sollten im Verantwortungsbereich des Staates liegen. Der südafrikanische Staat war aber, ausser für die weisse Arbeiterklasse, nie ein Wohlfahrtsstaat.

Die magere Unterstützung des Staates für Schwarze wird nun rasch abgebaut, da der Staat seine Dienste zu privatisieren beginnt. Keine der fortschrittlichen Gewerkschaften unterstützt oder ermutigt diese Entwicklung. Doch müssen sie auf diesem Gebiet verhandeln, um die unmittelbaren Bedürfnisse ihrer Mitglieder zu decken. Der Staat ermutigt Unternehmer und Arbeiter, ihm «die Last abzunehmen» und zu entpolitisieren, was bisher Gegenstand eines andauernden Kampfes war. Viele Firmen haben diese politische Notwendigkeit akzeptiert und bieten ihren Arbeitern etwa in den Bereichen Bildung, Unterkunft oder Krankenkasse Unterstützung an. Schweizer Multis scheinen jedoch nicht darauf versessen, in die «Reformen» zu investieren.

Nur wenige der untersuchten Firmen bemühen sich, die Bildung der Arbeiter oder deren Kinder zu unterstützen. Sie ziehen gut sichtbare Gesten wie etwa Geldgeschenke an eine Schule oder eine technische Ausbildungsstätte vor.

Vorsorgeeinrichtungen im Hinblick auf Tod, Alter oder Arbeitsunfähigkeit waren lange Zeit ein Kampffeld. Schwarze Arbeiter wurden erst Mitte der 70er Jahre in die Pensionskassen aufgenommen, was eine Ahnung davon vermittelt, als was sie betrachtet wurden. Keine der untersuchten Firmen rechnete die vor der Aufnahme geleisteten Dienstjahre an. Dies ist einer der vielen Gründe, weshalb die schwarzen Arbeiter einem langfristigen Sparplan unter Verwaltung ihrer Firma – der erst noch dem Einfluss der Minderheitsregierung ausgesetzt ist – immer sehr skeptisch gegenüberstanden. Im Augenblick fordern die Arbeiter in den meisten Firmen Verhandlungen mit der Geschäftsleitung über eine Vorsorgekasse unter paritätischer Aufsicht, mit besseren Rückzugsleistungen, früherem Pensionsalter und der Möglichkeit zur Aufnahme von Hypotheken.

Die Arbeiter sind ebenfalls skeptisch gegenüber den Programmen zur medizinischen Hilfe. Denn sowohl im öffentlichen wie im privaten Gesundheitswesen erleben sie eine schlechte Behandlung. Während der Staat das Gesundheitswesen privatisiert, ist eine Kampagne im Gang, welche diesen Prozess umkehren und medizinische Betreuung für die Mehrheit der Bevölkerung zugänglich machen will. Schweizer Multis haben sehr wenig unternommen, um den Arbeitern in diesem Versuch beizustehen oder aber ihnen medizinische Hilfe erschwinglich werden zu lassen.

Obdachlosigkeit ist vielleicht das grösste Problem, mit dem sich die Arbeiterklasse in Südafrika konfrontiert sieht. Sie ist verursacht durch die Verarmung, aber auch durch die staatliche Politik, das Gesetz über getrennte Wohngebiete sowie das Gesetz über illegale Ansiedlung. Aufgrund dieser Situation und wegen der sich zuspitzenden Finanzkrise des Staates ist die Privatwirtschaft aufgerufen, in diesem Feld die Initiative zu ergreifen.

Schweizer Multis haben dazu nur einen kleinen Beitrag geleistet. Die meisten Programme haben, sofern überhaupt, nur sehr wenigen Arbeitern geholfen. In den untersuchten Firmen sind insgesamt nicht mehr als 100 Arbeiter mit Hilfe der Firma zu einem Haus gekommen.

Haltung gegenüber Gewerkschaften

Die befragten Arbeiter sehen bei keiner der untersuchten Firmen eine positive Haltung gegenüber der unabhängigen Gewerkschaftsbewegung. Im allgemeinen bereiten die Firmen den Gewerkschaften Schwierigkeiten, die freilich in den Methoden unterschiedlich sein können.

Die Gewerkschaften sehen sich heute starken Veränderungen und gleichzeitig grossem Druck ausgesetzt. COSATU-Mitgliedsverbände haben beispielsweise zwischen 1985 und 1988 über eine Viertelmillion neue Mitglieder erhalten, gleichzeitig aber durch Massenentlassungen viele verloren. Die konstante Arbeit der Gewerkschaft in einer Firma ist dadurch sehr schwierig. Die meisten Firmen scheinen einen Vorteil daraus gezogen zu haben und bewiesen Arglist in den Verhandlungen mit den Arbeitervertretern.

Eine Anzahl Firmen haben sich in eigentlicher «Gewerkschafts-Prügelei» geübt, entweder als sie zur Anerkennung der Gewerkschaft gezwungen wurden, oder in der Antwort auf kollektive Massnahmen der Arbeiter. Die Gesetzgebung ist stark gegen die Arbeiter gerichtet, und die Firmen haben nicht gezögert, die Arbeiter durch Entlassungen in die Unterwerfung zu zwingen.

Die Firmen pflegen kein einheitliches Forum zur Verhandlung mit den Gewerkschaften. Aber mit Ausnahme der Fiberzement-

Abteilung von Everite insistieren sie genau auf dem, was die jeweilige Gewerkschaft nicht will. Anglo-Alpha und Nestlé beharrten auf firmenweiten Verhandlungen, und Everite ist nur bereit, bis zur abteilungsweiten Verhandlung zu gehen.

Die Firmen der Metall- und Engineeringbranche, also ABB, Schindler, Oerlikon und Alusaf, sind in dieser Hinsicht besonders problembeladen. Traditionellerweise verhandeln die konservativen Facharbeiter-Verbände und die Arbeitgebervereinigung im Rahmen eines Industrierates. NUMSA war gezwungen, diesem Forum beizutreten, da die grosse Mehrheit der Arbeitgeber sich weigerte, ausserhalb zu verhandeln.

Der Rat selber ist sehr kompliziert aufgebaut. Eine Anzahl verschiedener Abkommen betreffen verschiedene Sektoren der Branche, hinzu kommen noch rund zwölf separat ausgehandelte innerbetriebliche Abkommen. Die Minimalstandards werden dabei durch die Abkommen in der Gesamtbranche gesetzt, betriebsintern können bessere Bedingungen ausgehandelt werden. Dieses Vorgehen möchte NUMSA für die ganze Branche durchsetzen. Aber im Augenblick ist die Gewerkschaft mit ihren rund 183000 Mitgliedern bei einer Gesamtzahl von 350000 Beschäftigten noch zu schwach dafür.

In diesem komplizierten Gebilde gibt es enorme Probleme, aber die wichtigsten sind die Präsenz konservativer Gewerkschaften und die Weigerung der Firmen, nach der Festlegung der branchenweiten Minimalstandards betriebsintern weiterzuverhandeln. Im Grossen und Ganzen – und die Schweizer Multis sind typisch dafür – verstecken sich die reichen Firmen hinter den kleineren und bezahlen, was die kleine Schwitzbude zu zahlen gewillt ist.

Keine der Schweizer Firmen spielt in den Verhandlungen eine wichtige Rolle. Trotzdem zeigt die Übersicht, dass sie jeden möglichen Trick, den das System anbietet, gegen die Arbeiter zu benutzen versuchen. Zudem gewähren sie sehr wenig mehr als die gesetzlichen Minima bei Löhnen und Arbeitsbedingungen.

Politische Haltung

Die Schweizer Multis haben sehr tiefe Wurzeln in Südafrika. Mit Ausnahme der chemischen Industrie neigen sie auch dazu, südafrikanische Manager einzustellen. Dies hat einen deutlichen Einfluss auf die Art und Weise, wie die Firmenleitung mit den Arbeitern umgeht – sei es in den täglichen Fragen im Betrieb, sei es in der Konfrontation mit ihren weiteren sozialen und politischen Forderungen. Wir müssen jedoch davon ausgehen, dass den Konzernleitungen in der Schweiz diese Haltung bekannt ist und dass sie sie unterstützen und ermutigen.

Die politisch rechtlose Mehrheit Südafrikas sieht sich mit den verschiedensten, tiefgreifenden sozialen und politischen Problemen konfrontiert. Die Ausbeutung am Arbeitsplatz – falls überhaupt einer vorhanden! – erlaubt es kaum, die nötigsten Grundbedürfnisse zu befriedigen. Zudem ist die rassistische Unterjochung und Belästigung durch die herrschende weisse Minderheit tägliche Realität. Gewerkschaften und politische Organisationen, die den Arbeitern Schutz und Stimme geben, sehen sich andauernden Angriffen des Staates ausgesetzt. 1988 wurden 17 politische Organisationen, darunter COSATU und die United Democratic Front UDF, gebannt oder in ihrer Bewegungsfreiheit eingeschränkt. (Diese Einschränkungen wurden im Februar 1990 weitgehend aufgehoben.) Das Gesetz über Arbeitsbeziehungen wurde geändert mit der Absicht, die organisatorischen Fortschritte der Arbeiter in den letzten zehn Jahren zunichte zu machen. Vermehrt befinden sich Arbeiter und ihre Anführer unter denen, die auf unbestimmte Zeit ins Gefängnis gesteckt oder vor Gericht gezerrt werden.

Es gibt einen permanenten Druck auf die Arbeiter. Von Zeit zu Zeit sind sie gezwungen, einzeln oder gemeinsam ihre Arbeitgeber um Hilfe oder um schieres Verständnis zu bitten. Es kann ein Problem mit den örtlichen Behörden sein, mit einer Transportgesellschaft, einem staatlichen Amt oder dem Unterdrückungsapparat des Staates. In diesen Situationen kommt die politische Haltung oder die «soziale Verpflichtung» der Firmen ans Tageslicht.

So schwer es zu glauben ist, die Haltung der Schweizer Multis kann in diesem Satz zusammengefasst werden: «Wir müssen uns an die lokalen Gesetze halten.» Und sie geben vor, dies stehe in

Übereinstimmung mit ihrer umfassenden ideologischen Haltung: «Wir sind hier, um Geschäfte zu machen. Wir wollen nicht in irgend etwas verwickelt werden, das unsere Philosophie der Neutralität gefährdet.»

Schweizer Multis rechtfertigen ihr andauerndes Engagement und ihre Unterstützung für den Staat etwa so:

1. Wir entschuldigen uns nicht für die Notwendigkeit des Profits, und wir sind hier, um Geschäfte zu machen.

2. Unser Mutterhaus pflegt die Philosophie der Nicht-Einmischung in die Tochtergesellschaften. Wir greifen so lange nicht in deren Geschäftsführung ein, wie unsere Aktionäre mit dem Ertrag der Investitionen zufrieden sind.

3. Nestlé und Ciba-Geigy sind zwei der besten Lohnzahler im heutigen Südafrika.

4. Wir schaffen tausende von Arbeitsplätzen für Leute, welche sonst arbeitslos wären und Unruhe hervorriefen.

5. Wo immer möglich und durchführbar, haben wir Rassismus und Diskriminierung in unseren südafrikanischen Niederlassungen abgeschafft. Wir schulen Schwarze und heben ihr Ausbildungsniveau und damit ihre Verhandlungsposition in der Gesellschaft.

6. Wir entschuldigen die Apartheid nicht, aber es gibt keine einfachen Lösungen, und das südafrikanische Volk muss sie finden.

So war beispielsweise keine Schweizer Firma bereit, Bedenken gegen die Änderung des Gesetzes über Arbeitsbeziehungen zu äussern, obwohl es durch das ganze Jahr 1988 ein Thema war und einen dreitägigen Generalstreik provozierte. Die Firmen wurden nur gebeten, der Regierung einen Brief zu schreiben und darin die Gesetzesänderung als unnötig und verwirrend zu bezeichnen. Die meisten Schweizer Firmen demonstrierten ihre «Neutralität», indem sie den Arbeitern mit Entlassung drohten und ihnen schriftliche letzte Verwarnungen schickten.

(Übersetzt und bearbeitet von Lukas Vogel)

Die Schweizer Firmen von A bis W*

BARBARA WEYERMANN

Asea Brown Boveri (ABB)

Die Brown Boveri (BBC) eröffnete 1963 die Tochtergesellschaft Brown Boveri South Africa (Pty) Ltd. in Johannesburg.

Im Januar 1988 fusionierte die BBC mit der schwedischen Asea zur Asea Brown Boveri (ABB). Die ABB, zur Hälfte in schwedischen Händen, untersteht dem schwedischen Anti-Apartheid-Gesetz, welches Investitionen in Südafrika untersagt. Davon sind aber nur Beteiligungen an südafrikanischen Unternehmen ab 50 Prozent betroffen. Die Asea verkaufte bereits vor der Fusion einen Teil ihrer Asea Electric South Africa-Aktien an Powertech, die zur südafrikanischen Altron-Gruppe gehört. Bei der Fusion betrug Aseas Anteil noch 25 Prozent und verringerte sich durch den Zusammenschluss um die Hälfte – die ABB ist zu je 50 Prozent im Besitz der Asea und der BBC. Auch die von BBC eingebrachten südafrikanischen Tochterfirmen Powerlines (1987: 1258 Arbeiter), Kent Meters (82 Arbeiter) und Kent Instruments (48 Arbeiter) sind für die Asea nur Minderheitsbeteiligungen: Die ABB hält via die Elettrofin in Lugano 37 Prozent an der südafrikanischen Feralin, die ihrerseits die Installationsunternehmung Powerlines besitzt. Kent Meters und Kent Instruments gehören zum Bereich der britischen ABB-Tochter Kent Meters, Luton.

Die Hauptaktivitäten der Brown Boveri (BBC) – Brown Boveri South Africa (1987: 644 Arbeiter) – wurden von der Fusion ausgenommen. Die Firma wurde in Brown Boveri Technologies (Pty) Ltd. umbenannt und zur Hälfte an die Powertech der Altron-Gruppe verkauft.

Dank der Fusion kann die Asea weiterhin in Südafrika aktiv sein, ohne nach schwedischem Gesetz belangt zu werden. Der Zusammenschluss mit der Schweizer BBC und die Verlegung des Hauptsitzes der ABB nach Zürich vereinfachen es, die schwedi-

---

* Alle Angaben zu den Arbeitsbedingungen basieren auf der Untersuchung von Renée Roux 1989.

105

schen Boykottbestimmungen für Lieferungen nach Südafrika zu umgehen. «Zudem», schreibt die schwedische Anti-Apartheid-Bewegung in ihrer Publikation «Staying on at any cost – Swedish business ties with apartheid», «erhielt Südafrika durch die zahlreichen Transaktionen mit der Altron-Gruppe (bestehend aus Powertech, Altech, Fintech) Zugang zu den modernsten High-Tech-Errungenschaften. Dadurch kann der Grad der Selbstversorgung in diesen Bereichen erhöht werden, was die Wirkung von Sanktionen reduziert.»

Die Zusammenarbeit mit der ABB macht aus Powertech Südafrikas grösste High-Tech-Firma mit 70 Prozent Anteil am Kabelmarkt. Auf dem wachsenden Markt für Industrieroboter steht sie mit 17 Prozent an zweiter Stelle. Die Altron-Gruppe gilt als wichtige Lieferantin des staatlichen Rüstungskonzerns Armscor.

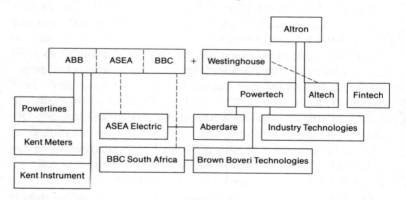

Brown Boveri Technologies (BBT)

Während der ersten Umschuldungsverhandlungen zwischen Südafrika und dessen Gläubigerbanken weilte Fritz Leutwiler 1986 in Johannesburg. Als er vom südafrikanischen Magazin «Leadership» interviewt wurde, antwortete er nicht nur als Vermittler eines für den Apartheidstaat äusserst vorteilhaften Abkommens. Er äusserte sich auch als Verwaltungsratspräsident der BBC: «Wir haben in Südafrika Fabriken, wo es keine Apartheid gibt.» Die Aussagen der Arbeiterinnen und Arbeiter von Alrode Electrical Motor Works – sie gehört zur Brown Boveri Technologies BBT – beweisen allerdings das Gegenteil.

Die Alrode Electrical Motor Works bei Johannesburg, beschäftigt rund 200 Personen, die Hälfte davon Afrikaner. In der Fabrik werden Endmontagen von elektrischen Motoren, Leitern und Umformern vorgenommen. Die Beschäftigten beobachten regelmässige Exporte von Alrode-Produkten nach Israel, Japan und ins südliche Afrika.

Arbeitsbedingungen

Lohn: Die Angehörigen der untersten Einkommensklasse verdienten zwischen Juli 1988 und Juli 1989 3.15 Rand pro Stunde oder 605.66 Rand pro Monat. Anstelle einer Lohnerhöhung in dieser Kategorie verteilt Alrode sehr willkürliche Verdienstzuschläge an einzelne Arbeiter. Das widerspricht nicht nur dem Lohnklassensystem, sondern verursacht auch Spannungen in der Belegschaft.

Alrode fordert enorme Überzeitleistungen: 10 Stunden pro Woche sind für die meisten Arbeiter die Regel, es können zwischendurch aber auch mal 30 Stunden werden. Doppelschichten sind keine Seltenheit. Überstunden verlangt das Management insbesondere von Frauen. Wer sich weigert, wird mit der Entlassung bedroht.

Die Entschädigung für eine Überstunde beträgt das 1 ⅓ fache des regulären Stundenlohnes.

Urlaub: Die Arbeiter haben Anspruch auf drei Wochen Ferien und nach fünf Jahren Betriebszugehörigkeit auf vier Wochen. Gewährt werden nur die von der Regierung anerkannten Feiertage. Schwangere werden entlassen, sobald sie mit der Arbeit aufhören und – im Glücksfall – neu angestellt, wenn sie die Arbeit wieder aufnehmen wollen. Bei der Geburt eines Kindes kann der Vater nicht frei nehmen. Weil die Familie zumeist weit weg wohnt, sieht er sein Neugeborenes erst in den Ferien, oft erst nach mehreren Monaten, zum ersten Mal.

Nebenleistungen: Alrode leistet keine Unterstützung, weder im Wohnbereich, noch bei der Ausbildung der Kinder, noch beim Transport zwischen Unterkunft und Fabrik. Sie gibt auch Beschäftigten in Notlagen keine Darlehen.

Wollen die Arbeiter Mitglied der Betriebskrankenkasse werden, bezahlen sie 8 Prozent ihres Lohnes ein. Die Familien sind in die Leistung eingeschlossen, können aber davon meistens nicht profitieren, weil sie zu weit weg wohnen. Für eine Person allein ist jedoch der Beitrag zu hoch, so dass viele Arbeiter auf die Mitgliedschaft verzichten.

In der Fabrik, wo oft mit Hochspannungsgeräten gearbeitet wird, existieren keine Sicherheitsmassnahmen. Die unverzichtbaren Gummistiefel bezahlen die Arbeiter zur Hälfte selbst.

Haltung gegenüber Arbeitern und Gewerkschaft
Die afrikanischen Arbeiter befürchten, dass das Management sie längerfristig durch «Farbige» und Weisse ersetzen will. Unter den Neuangestellten befanden sich seit 1988 keine Afrikaner mehr.

Die qualifizierten Arbeiter sind bereits jetzt alle weiss oder – seltener – «farbig». Das Management, dem drei Schweizer angehören, bemüht sich nach Kräften, die durch das Apartheidsystem provozierte Spaltung der Arbeiter im Betrieb weiterzuführen. Insbesondere die «Farbigen» werden mit leicht bevorzugter Behandlung gegen die Schwarzen ausgespielt. Die einzige schwarze Person, die in den letzten Jahren eine substantielle Beförderung erhielt, ist die Frau, die nach 9 Jahren Teekochens für die Angestellten schliesslich zur Bürogehilfin in der Aktenablage aufsteigen konnte.

Die Entlassung von etwa 20 Beschäftigten zwischen 1984 und 1986 war der Hauptgrund, weshalb ab 1987 viele Arbeiter der NUMSA beitraten. Sie wurden alle einzeln zur Direktion zitiert und mit der Kündigung bedroht. Die Gewerkschafter haben zwar die NUMSA nicht verlassen, vermeiden es aber, öffentlich ihre Unterstützung zu zeigen. Die Vertrauensleute werden in ihrer Arbeit behindert. Bei Abschluss der Recherchen in Südafrika hatte Alrode die NUMSA noch nicht als Mehrheitsgewerkschaft anerkannt.

Kent Meters (South Africa) (Pty) Ltd., Johannesburg
Kent Meters, gegründet 1960, wird von der britischen Kent Meters Ltd. kontrolliert. Diese wiederum befindet sich zu 95 Prozent im Besitz der ABB. Kent Meters ist der landesweit grösste Hersteller von Wassermetern. Er beliefert Minen und die Gemeindever-

waltungen in ganz Südafrika. Die Exporte gehen vorwiegend nach Swaziland, Zimbabwe und Botswana.

Kent Meters beschäftigt 82 Personen, davon 61 Schwarze (28 «Farbige» und 33 Afrikaner).

Arbeitsbedingungen

Lohn: Der Mindestlohn beträgt 3.03 Rand pro Stunde oder 586.31 Rand pro Monat. Die reguläre Arbeitswoche hat 45 Stunden.

Urlaub: Die Arbeiter haben Anspruch auf drei Wochen Ferien und nach fünf Jahren Betriebszugehörigkeit auf 4 Wochen. Ausser den staatlich anerkannten werden keine Feiertage gewährt.

Nebenleistungen: Kent Meters lehnt Unterstützungsleistungen im Wohnbereich oder bei der Ausbildung der Kinder strikte ab. Die Arbeiter können Mitglied der Krankenkasse und des Pensionsfonds des Industrierats der Branche werden.

Haltung gegenüber Arbeitern und Gewerkschaft

Die Kent Meters versteht es – wie die Alrode – die im Apartheidsystem angelegten Spaltungen der Arbeiter für sich zu nutzen. Sie privilegiert Weisse und «farbige» Männer gegenüber «farbigen» Frauen und Afrikanern (schwarze Frauen arbeiten nicht bei Kent Meters): Weisse arbeiten in Vorgesetztenpositionen und qualifizierten Jobs, «farbige» Männer in tieferen Vorgesetzten-Stellungen, als Handwerker und in schlechter bezahlten Büro-jobs; «farbige» Frauen arbeiten zusammen mit Afrikanern als Packerinnen, Afrikaner sind Fahrer oder ungelernte Arbeiter. Bevorzugt behandelt werden «Farbige» ebenso bei der Anstellung. Wenn es darum geht, eine Stelle neu zu besetzen, werden sie oft aufgefordert, eines ihrer Familienmitglieder anzufragen. Die einzigen, die eine Ausbildung im Betrieb erhalten, sind Weisse und «Farbige». Afrikaner gehören alle den untersten Lohnklassen an.

Kent Meters wollte die Arbeiter zuerst dazu bringen, der konservativen, von Weissen kontrollierten «Amalgamated Electrical Engineering Union» beizutreten. Als sie sich statt dessen der NUMSA anschlossen, drohte ihnen das Management mit der Entlassung und zögerte die Verhandlungen über die Anerkennung möglichst lange hinaus. Bevor diese schliesslich begannen, machte es seine Drohung wahr und entliess 15 Personen nach teilweise jahrelanger Betriebszugehörigkeit. Unter ihnen waren die aktivsten Gewerkschafter.

Die Arbeiter haben beobachtet, dass während der Lohnverhandlungen zusätzliche Kontraktarbeiter angestellt werden, um auf Lager zu produzieren – «Notvorräte» für den Fall von Arbeitsniederlegungen. Um einen Streik zu verhindern, unternimmt Kent Meters fast alles: Sobald auch nur das Gerücht eines bevorstehenden Ausstandes aufkommt, lässt die Geschäftsleitung den «Farbigen» Flugblätter zukommen, um die Nachteile zu schildern, welche ihnen bei der Teilnahme an einer solchen Aktion drohten.

Seit die Arbeiter der NUMSA beitraten, haben die Disziplinarstrafen zugenommen. Die unmittelbaren Vorgesetzten belangen die Beschäftigten wegen der kleinsten Unregelmässigkeiten und haben dabei offenbar freie Hand.

AEG (Pty) Ltd.

P. O. Box 1 02 64, Johannesburg 2000

Elektroindustrie

Verwaltungsräte: M. Van Roon, W. Birkan, G. J. Nogossek, W. Holtzek, H. P. Klaussner, C. Cilliers, H. F. Rohn, K. R. Mohl, D. Stutterheim, G. W. Tumm, J. F. Von Wranger, F. A. Zoellner, F. W. Radensleben

Aktienkapital: 10, 736 Mio. Rand

Die AEG ist zu 100 Prozent im Besitz der AEG International AG, Zürich

Wichtigste Tochterfirmen:

AEG Telefunken Inv. (Pty) Ltd., Switchcraft (Pty) Ltd., AEG Telefunken SWA (Pty) Ltd.

Alusaf (Pty) Ltd.

P. O. Box 2 84, 3880 Empangeni

Alusaf betreibt die Aluminium-Schmelzerei, die unter der Leitung der Alusuisse und in enger Zusammenarbeit mit dem südafrikanischen Staat 1967 in Richards Bay (Natal) errichtet worden war. Südafrika wollte sich damit die Versorgung mit dem strategischen Metall sichern, welches als einziges nicht im Lande selbst vorhanden ist – das Rohmaterial Tonerde wird grösstenteils aus Australien importiert.

Obwohl sich die Firma Mühe gibt, die Bestimmungsorte ihrer Produkte zu verschleiern, gilt es als offenes Geheimnis, dass Alusafs grösster Kunde der staatliche Waffenkonzern Armscor ist. Ein grosser Teil der Produktion wird zudem exportiert, vorwiegend nach Japan, in die BRD, die Schweiz und vermehrt ins südliche Afrika. Die strategische Bedeutung der Aluminium-Schmelzerei veranlasste das Management und die Regierung, während dem Lohnstreik 1973, erstmals seit über zehn Jahren militärische Truppen gegen streikende Arbeiter einzusetzen.

Die Alusuisse gab 1971 das Management der Alusaf ab, behielt aber 22 Prozent der Aktien. Zur Hauptaktionärin wurde die staatliche Industrial Development Corporation (IDC).

Ende der 70er Jahre kam es zwischen Alusuisse und Alusaf zum Streit, weil die Alusuisse ihren Exklusiv-Zuliefervertrag ausnützte und der Alusaf Rohstoffe zu Preisen verkaufte, die 25 Prozent über den Weltmarktpreisen lagen. Zwar musste die Alusuisse darauf ihre Preispolitik ändern, die Exklusiv-Belieferung konnte sie aber beibehalten. Für Alusaf ist Alusuisse über ihre japanische Tochter Alsea auch im technischen Bereich von Bedeutung: Die japanische Engineering-Firma betreute 1983 die Verdoppelung der Kapazität durch die Einrichtung einer zweiten Ofenlinie. Die Hütte wurde für insgesamt rund 320 Mio. Franken in Japan ab- und in Südafrika wieder aufgebaut. In südafrikanischen Gewerkschaftskreisen wird vermutet, dass der Ofen den japanischen Gesundheitsvorschriften nicht mehr entsprochen habe.

Im Rahmen der allgemeinen Privatisierungsbestrebungen südafrikanischer Staatsbetriebe ging das Aktienpaket der Industrial Development Corporation im Sommer 1989 an die zum Minen- und Investmentkonzern Gencor gehörende Genmin über.

Der Umsatz betrug 1988 rund 800 Mio. Rand, der Gewinn, vor Steuern, 120 Mio. Rand.

Arbeitsbedingungen

Löhne: Der Minimallohn betrug 1988 pro Stunde 3.26 Rand. Die reguläre Arbeitswoche umfasst 45 Stunden. Die Beschäftigten erhalten nach fünf Jahren eine Alterszulage von 5 Prozent und nach 10 Jahren von 10 Prozent des Lohnes. Die Gewerkschaft NUMSA bewertet diese Regelung als unfair, weil besser Verdienende entsprechend mehr erhalten. Sie fordert statt dessen fixe Zuschläge.

Urlaub: Wie bei den Alterszulagen werden auch bei der Ferienregelung die besser Verdienenden und damit in erster Linie die Weissen bevorzugt: Die Angehörigen der höheren Lohnklassen haben Anspruch auf 4 statt 3 Wochen und nach 5 Jahren auf 5 statt 4 Wochen Urlaub.

Die Firma akzeptiert die Gedenktage der Gewerkschaft nicht als Feiertage.

Nebenleistungen: Die meisten schwarzen Arbeiter wohnen im mehr als 20 Kilometer entfernten Ezikhawini Hostel oder mit ihren Familien in den noch weiter entfernten Dörfern. Sie erhalten von der Alusaf zwischen 5.40 und 6 Rand pro Woche für die Transportkosten. Der Betrag deckt weder die effektiven Aufwendungen noch verbessert er die katastrophale Lage im öffentlichen Verkehr. Die Abfahrtszeiten der wenigen Busse, die – wenn überhaupt – zwischen Fabrik und Wohnort verkehren, stimmen oft nicht mit Arbeitsbeginn oder -schluss überein. Die Arbeiter legen deshalb nicht selten lange Strecken zu Fuss zurück. Als unlängst die Fahrpreise für die Busse erhöht wurden, beschlossen sie den Boykott und kamen zu Fuss zur Arbeit. Während sechs Monaten bewältigten sie so täglich etwa 50 Kilometer.

Weisse Angestellte werden mit den 9 Firmenbussen abgeholt und nach Hause gebracht. Die afrikanischen Fahrer, welche diese Aufgabe vor und nach den normalen Arbeitsstunden übernehmen, müssen anschliessend die Busse wieder aufs Fabrikgelände zurückstellen. Die vier weissen Fahrer dagegen erhalten für ihre Dienste nicht nur einen zusätzlichen Lohn, sie dürfen die Busse über Nacht auch vor ihrem Haus parkieren.

Der Mutterschaftsurlaub ist unbezahlt und der Betrieb leistet in dieser Zeit keine Beiträge an Pensionsfonds und Arbeitslosenkasse. Ganz anders bei den Männern, die Militärdienst leisten:

Alusaf zahlt während ihrer Abwesenheit Löhne und Nebenleistungen weiter.

Eltern können sich bei Alusaf um Stipendien für die Ausbildung ihrer Kinder ab Universitätsstufe bewerben. Alusaf unterhält eine freiwillige Krankenkasse, bezahlt aber selber nichts an die Beiträge.

Haltung gegenüber Arbeitern und Gewerkschaft

Die Arbeitsteilung bei Alusaf ist rassistisch: Die 800 weissen Angestellten sind mehrheitlich in vorgesetzter Stellung tätig oder sie sind als qualifizierte Handwerker Angehörige der höchsten im Übereinkommen mit der NUMSA erwähnten Lohnklasse (7.56 Rand pro Stunde). Es kommt immer wieder vor, dass auch Weisse ohne besondere Qualifikationen kurze Zeit nach ihrer Anstellung zu «Handwerkern» aufsteigen.

Etwa 1800 schwarze Beschäftigte verrichten ungelernte und angelernte Arbeiten. Daneben sind rund 100 Afrikaner in qualifizierten Jobs tätig und 10 sind Aufseher.

Das Management weigerte sich lange, die Vorläuferin der NUMSA, die MAWU, als Mehrheitsgewerkschaft anzuerkennen. Schliesslich unterzeichnete sie 1981 ein für die MAWU nicht sehr vorteilhaftes Abkommen.

1982 streikten die Alusaf-Arbeiter für höhere Löhne und – zusammen mit Tausenden südafrikanischer Beschäftigter – gegen eine neue Pensionsfonds-Regelung. Die Beiträge sollten nicht mehr wie bisher beim Austritt aus der Firma bezogen werden können, sondern erst nach der Pensionierung. Die Arbeiter wehrten sich gegen diese neue Verordnung nicht nur, weil sie das Geld beim Ausscheiden aus der Firma zum Überleben brauchten und weil die durchschnittliche Lebenserwartung eines schwarzen Arbeiters zwischen 50 und 55 Jahren liegt, während die Pensionierung mit 65 Jahren erfolgt. Sie waren gegenüber diesen Zwangsspareinrichtungen auch misstrauisch, weil sie Ende der siebziger Jahre ohne Konsultation der Gewerkschaft eingeführt worden waren.

Bereits am vierten Streiktag entliess die Alusaf 1700 Arbeiter und stellte Streikbrecher ein. Nach einem brutalen Polizeieinsatz auf dem Werkgelände legten die Beschäftigten in vielen anderen

Betrieben von Richards Bay aus Solidarität die Arbeit nieder. Mehrere Personen wurden in der Folge durch Schüsse der Polizei verletzt. Als die Arbeiter nach drei Wochen wegen Geldmangels den Streik ohne Zugeständnis der Alusaf abbrechen mussten, stellte die Firma alle Entlassenen bis auf 200 besonders aktive Gewerkschafter als «Neue» wieder ein. Damit verloren sie die an die Dienstjahre geknüpften Leistungen.

Bis heute ist in Südafrika der Pensionsfonds Gegenstand von Auseinandersetzungen zwischen Gewerkschaften und Unternehmungen. In den letzten Jahren sind einzelne Vorsorgeeinrichtungen geschaffen worden, die den Forderungen der Gewerkschaften bezüglich paritätischer Vertretung gerecht werden und einige von ihnen verlangte Leistungen erbringen, z. B. indem sie den vollen Betrag (Mitglieder- und Firmenbeitrag) beim Ausscheiden aus der Firma auszahlen. Keine der untersuchten Schweizer Unternehmungen ist jedoch Mitglied eines solchen Fonds.

Die Arbeiter bezeichnen die Haltung der Alusaf-Vorgesetzten gegenüber COSATU als feindselig. Die Betriebsleitung verweigert der Gewerkschaft Gespräche über das umstrittene Gesetz, das seit 1988 die Arbeitsbeziehungen regelt und drohte den Beschäftigten, die sich im Juni 1988 am dreitägigen nationalen Ausstand gegen dieses Gesetz beteiligten, mit der Kündigung. Die wenigen, die schliesslich trotz diesen Einschüchterungen der Arbeit fernblieben, erhielten die definitive Warnung, was als letzter Schritt vor der Kündigung gilt.

AG für Plantagen

Die AG für Plantagen besitzt in Südafrika eine 89 Hektaren-Weinfarm: Eikendal Vineyards liegt an der berühmten Stellenboscher Weinroute. Die Touristen können sich nach der Kellerei-Besichtigung bei einem «Swiss Country Lunch» oder in den Wintermonaten bei einem «Swiss Cheese Fondue» erholen.

Der Verwaltungsrat der AG für Plantagen besteht fast nur aus ehemaligen oder noch amtierenden Leitungsmitgliedern der Schweizerischen Bankgesellschaft: Bruno M. Saager, Nikolaus Senn, Richard Schait. Anthony Rupert ist Mitglied der Rupert-Familie, die massgeblich an der Rembrandt-Gruppe beteiligt ist, deren ausländische Beteiligungen in der Richemont, Zug zusammengefasst sind.

Anglo Alpha Ltd.
P. O. Box 781868, Sandton 2146

Anglo Alpha ist die zweitgrösste Zementherstellerin des Landes. Daneben produziert die Gruppe Steinaggregate, Kies, Kalk, Kalkstein, Industrie-Mineralien und Papiersäcke. Sie ist zudem über ein Joint-Venture mit dem Bergbaukonzern Anglovaal am Kohleabbau beteiligt.

Verwaltungsräte sind: P. Byland, C. A. Hall, J. G. Pretorius, D. R. Baker, W. B. Coetzer, W. M. Grindrod, B. E. Hersov, S. Mendell Clive, F. J. Ridsdale, J. C. Robbertze, Thomas Schmidheiny, Anton E. Schrafl, R. F. C. Searle, R. L. Straszacher.

Aktienkapital: 250 Mio. Rand, Jahresumsatz 1989: 624,7 Mio. Rand. Der Reinertrag betrug 1989, vor Versteuerung, 165,7 Mio. Rand.

Kontrolliert wird die Anglo Alpha von der Holderbank Financière Glarus AG, Glarus, die 31,1 Prozent des Aktienkapitals besitzt. Die Société Suisse de Ciment Portland SA, Neuchâtel, hält 2,3 Prozent der Aktien. Beide Unternehmungen gehören mehrheitlich Thomas Schmidheiny.

Die Holderbank ist Hauptkonsulentin der Anglo Alpha im technischen Bereich.

Thomas Schmidheinys Onkel, Ernst Schmidheiny, betraute 1938 den Aargauer Hans Byland mit dem Aufbau der südafrikanischen Tochtergesellschaft National Portland Cement Company. Schon 1942 fusionierte diese mit der von Anglovaal dominierten Anglo Alpha Cement Ltd. In der neuen Gesellschaft konnte sich die Holderbank den massgeblichen Einfluss sichern. Die Anglo Alpha expandierte vor allem in den sechziger und siebziger Jahren, indem sie zahlreiche kleinere Firmen übernahm. 1971 schlossen sich die drei grössten Zementproduzentinnen Südafrikas zu einem Kartell zusammen. Heute beträgt der Marktanteil der Pretoria Portland Cement 45 Prozent, der Anglo Alpha 35 Prozent und der Blue Circle 20 Prozent. Anglo Alphas Wohlergehen ist nicht nur abhängig von der Entwicklung im Bausektor und zu einem guten Teil von den Aufträgen für staatliche Infrastruktur-projekte. Auch die Stahlindustrie sowie der Gold- und der Uran-bergbau beeinflussen wegen ihrem hohen Kalkbedarf das Ge-schäftsergebnis. Während der Boomphase der südafrikanischen Wirtschaft Ende der siebziger Jahre beschäftigte die Tochterge-sellschaft der Holderbank über 5000 Personen.

Heute ist die Anglo Alpha mit 3992 Beschäftigten (Ende 1988) in genau 100 Tochtergesellschaften die grösste schweizerisch be-herrschte Unternehmung in Südafrika. Die Arbeiter sind organi-siert in der BAMCWU, CAWU, CWIU und PPWAWU.

«Seit Jahren kommen über 5000 Beschäftigte bei Anglo Alpha in den Genuss einer überdurchschnittlichen Salärpolitik und einer breiten Palette von Sozialleistungen, wie sie übrigens im Rahmen des sozialpolitischen Konzepts von Holderbank welt-weit Anwendung finden», erklärte Anton E. Schrafl, Verwal-tungsrat der Anglo Alpha, Verwaltungsratsdelegierter der Hol-derbank und Präsident der Swiss-South African Association, 1981 in der «Schweizerischen Handels-Zeitung». Die Darstel-lung der Lohn- und Sozialpolitik von drei Tochterfirmen der An-glo Alpha belegt allerdings das Gegenteil.

Pioneer Crushers (Pty) Ltd.
Die Pioneer Crushers (Pty) Ltd. produziert Beton in neun Fa-briken (Springfield, Pretoria, Sekunda, Rustenburg, Boksburg, Witbank, Van Der Bijl Park, Welkom und Klerksdorp). Mit über 1200 Beschäftigten gehört sie zu den bedeutendsten Tochterfir-men der Anglo Alpha.

Arbeitsbedingungen
Löhne: In der Fabrik von Springfield beträgt der Mindestlohn 565 Rand pro Monat. Die meisten Beschäftigten arbeiten als Fahrer. Sie verdienen den höchsten in diesem Betrieb an Afrikaner be-zahlten Lohn von monatlich 1020 Rand. Nach ihrer 14-Stunden-Schicht müssen sie oft noch Überstunden fahren. Pioneer missach-tet seit Jahren das Gesetz über Anstellungsbedingungen, wonach Überstunden freiwillig sind und pro Woche höchstens 10 geleistet werden dürfen. Gegenüber der Gewerkschaft, die eine Halbie-

rung der langen Schichten fordert, behauptet das Management, eine Umstrukturierung der Arbeitszeit sei organisatorisch nicht zu bewältigen.

Urlaub: Der Ferienanspruch beträgt 15 Tage und nach fünf Jahren Betriebszugehörigkeit 20 Tage. Die Arbeiter haben zudem Anspruch auf sechs bezahlte öffentliche Feiertage. Die von der Gewerkschaft geforderten Gedenktage gehören nicht dazu.

Nebenleistungen: Pioneer übernimmt die Hälfte der Hostel-Mieten, bietet sonst aber keine Unterstützung im Wohnbereich. Die Firma leistet auch keine Beiträge an die Ausbildung von Familienmitgliedern ihrer Beschäftigten. Den Pensionsfonds führte sie 1982 ein. Die Arbeiter verloren jedoch 1986 ihre eigenen Beiträge und diejenigen der Firma, weil sie während eines Streiks entlassen und zwei Wochen später als «Neue» wieder eingestellt wurden. Mit dieser Massnahme entledigte sich Pioneer gleichzeitig auch aller anderen Verpflichtungen, die sie gegenüber Beschäftigten mit langjähriger Betriebszugehörigkeit hat.

Haltung gegenüber Arbeitern und Gewerkschaft
Pioneer verfolgt eine rassistische Anstellungspolitik. Die Manager und die meisten Techniker sind weiss. Die anderen Vorgesetzten und die qualifizierten Arbeiter sind Asiaten oder Farbige. Wenn eine solche Stelle neu zu besetzen ist, vergibt sie die Pioneer an Aussenstehende, statt an Afrikaner in der Firma.

Die Arbeiter der Pioneer-Fabriken schlossen sich 1984 der BAMCWU an, wechselten aber 1986 zur GAWU über, die später in der CAWU aufging. Die Unternehmung versuchte diesen Gewerkschaftswechsel zu behindern. Sie warf den Arbeitern vor, einer «politischen» Organisation beizutreten und beschuldigte die GAWU, bei der Mitgliederwerbung unlautere Mittel anzuwenden. Es dauerte volle 14 Monate, bis sie die GAWU formal als Mehrheitsgewerkschaft anerkannte.

Ein weisser Arbeiter, der sich der GAWU anschloss, wurde schikaniert und schliesslich in eine andere, noch nicht organisierte Fabrik versetzt. Seit die GAWU auch in diesem Werk Fuss gefasst hat, wird er erneut unter Druck gesetzt.

Auch während der Lohnverhandlungen 1988 versuchte die Pioneer die GAWU zu sabotieren. Als die Gewerkschaft das Lohnangebot von zusätzlich 80 Rand zurückwies, ermutigte das Management die Arbeiter einzeln ihre Zustimmung zu einer Lohnerhöhung von 90 Rand zu unterschreiben. Der Spaltungsversuch scheiterte. Schliesslich musste die Firma eine allgemeine Lohnerhöhung von 120 Rand gewähren.

Das Management der Pioneer ist selbst für südafrikanische Verhältnisse äusserst konservativ. So verweigerte es etwa der Gewerkschaft ein Gespräch über die «Labour Relations Amendment Bill». Begründung: Über Politik wird nicht diskutiert. Als sich die Arbeiter 1988 am dreitägigen Ausstand gegen das Gesetz beteiligten, ging man bei Pioneer nicht darauf ein. Einzig der Lohn für diese drei Tage wurde am nächsten Zahltag einbehalten.

Hippo Quarries (Pty) Ltd.
Die Kiesaufbereitungs-Unternehmung beschäftigt in ihren Gruben im Transvaal, bei Kapstadt und Durban über 1000 Personen.

Arbeitsbedingungen
Löhne: In der Grube bei Eikenhof (Transvaal) beträgt der Mindestlohn 3.11 Rand pro Stunde oder 615 Rand im Monat.

Zehn Dienstjahre belohnt die Hippo mit 400 Rand, einem Zertifikat und einer Anglo-Alpha-Krawatte.

Im Zuge der Rationalisierung verlangt die Firma exzessive Überstundenleistungen. Zusätzlich zu denjenigen, die während der Woche gearbeitet werden müssen, sind Schichten von 9¼ Stunden am Samstag und 8 Stunden am Sonntag nicht unüblich.

Urlaub: Gleiche Regelung wie Pioneer Crushers. Ausnahme bildet der 16. Juni: Die Arbeiter konnten den Soweto-Tag gegen einen offiziellen Feiertag eintauschen.

Nebenleistungen: Die Hippo gewährt den Arbeitern einen Kredit von 3000 Rand, wenn sie ein Haus im «Homeland» kaufen wollen und von 9000 Rand zum Erwerb einer Unterkunft im Township. Seit 1987 übernimmt die Firma zudem Bürgschaften, wenn die Arbeiter anderweitig Darlehen aufnehmen.

1979 schloss sich Hippo dem gemeinsamen Pensionsfonds von Anglo Alpha und Everite an. Die Beschäftigten können Mitglied der freiwilligen Betriebskrankenkasse werden, wenn sie monatlich 5 Prozent ihres Lohnes einbezahlen.

In den Gruben kommt es immer wieder zu fatalen Unfällen. Deshalb führte die Firma, als die Lohnverhandlungen im Januar 1988 zu scheitern drohten, eine Unfallversicherung ein und konnte damit einen Streik abwenden. Aus einem Fonds, in den sie monatlich pro Beschäftigten 60 Rand einzuzahlen versprach, sollte den Familienangehörigen eines tödlich verunglückten Arbeiters der Lohn während zweier Jahre weiterbezahlt werden.

Die Hippo führte 1987 das Aktienbeteiligungsprogramm der Anglo Alpha ein: Nach 10 Jahren Betriebszugehörigkeit kann ein Beschäftigter maximal 200 Aktien zu je 1 Rand erwerben. Anglo Alpha steht mit dieser Neuerung in Südafrika nicht allein. Auch De Beers und Anglo American Corporation ermöglichen ihren Beschäftigten den beschränkten Aktienerwerb. Alle drei Konzerne verzichteten aber vor der Einführung des Beteiligungsplans auf eine Konsultation der Gewerkschaften. Die Hippo-Arbeiter wurden auch später nie genau orientiert. Sie wissen einzig, dass die Dividende für 1988 83 Rand betrug. Die Massnahme gehe in die falsche Richtung, kritisieren die betroffenen Gewerkschaften. Zwar forderten sie höhere Löhne und eine Beteiligung an den Erträgen, nicht aber ein dubioses Partizipationspaket, das offensichtlich keinen anderen Zweck erfülle, als die Arbeiter mit den Regeln kapitalistischer Unternehmensorganisation vertraut zu machen und das System der freien Marktwirtschaft für eine Nach-Apartheid-Ära zu sichern.

Haltung gegenüber Arbeitern und Gewerkschaften
Wie die Pioneer-Arbeiter waren auch die Beschäftigten der Hippo zuerst in der NACTU-Gewerkschaft BAMCWU organisiert. Als sie 1986 zum COSATU-Verband NUM und 1987 – in Übereinstimmung mit der COSATU-Politik «Eine Branche – eine Gewerkschaft» – zu CAWU wechselten, versuchte das Hippo-Management diesen Übertritt zu behindern. Noch bevor die Firma die neue Gewerkschaft formell anerkannte, entliess sie 42 Arbeiter, darunter sechs Vertrauensleute, die sich für den Übertritt zur COSATU besonders eingesetzt hatten.

Während der Lohnverhandlungen von 1988 versuchte das Management die Position der CAWU zu schwächen, indem es den Arbeitern je einzeln bessere Jobs anbot, wenn sie dafür aus der Gewerkschaft austraten.

Wie bei Pioneer weigert man sich auch bei Hippo «über Politik zu diskutieren». Gespräche über das neue Gesetz über Arbeitsbeziehungen wurden mit der Begründung abgelehnt, darüber wisse man nichts. Die Bosse versuchten aber die Teilnahme ihrer Beschäftigten am dreitägigen nationalen Proteststreik zu verhindern, indem sie die Leute einzeln aufforderten, zur Arbeit zu kommen. Wer nicht erschien, verlor den Lohn für diese Tage.

Cappa-Sacks (Pty) Ltd.

Cappa-Sacks produziert die Papiersäcke, in welchen die Anglo-Alpha-Produkte verteilt werden. Die Firma verlegte 1973 ihre Fabrik von Kapstadt nach Isithebe in KwaZulu. Die Arbeiter vermuten, dass Cappa-Sacks mit dieser Übersiedlung das Apartheid-System optimal ausnützen wollte: Die in der Kapregion vorwiegend «farbigen» Beschäftigten sind aufgrund ihrer leicht privilegierten Stellung teurer als die schwarzen. Zusätzlich kostensenkend wirken sich für die Unternehmung die Rahmenbedingungen im Homeland KwaZulu aus.

Cappa-Sacks beschäftigt 130 Personen. Anerkannte Gewerkschaft ist die PPWAWU.

Löhne: Der Mindestlohn beträgt pro Stunde 3.27 oder 632.27 Rand pro Monat. Für eine Überstunde bezahlt Cappa-Sacks das 1 ⅓ fache des regulären Lohns. Wenn die Arbeiter Doppelschichten leisten (18 Stunden statt 9 Stunden), erhalten sie 68.67 Rand statt 29.43 Rand pro Tag. «Weil die Arbeiter nicht selten zwei Haushalte tragen müssen – denjenigen der Familie auf dem Land und ihren eigenen –, reissen sie sich um diese Doppelschichten, obschon sie wissen, dass es sie umbringt», kommentiert ein Gewerkschafter. Nach zehn Dienstjahren bezahlt Cappa-Sacks eine Prämie von 300 Rand.

Urlaub: Der Ferienanspruch beträgt vier Wochen, die aber nicht am Stück bezogen werden dürfen.

Nebenleistungen: Während drei Jahren zahlte Cappa-Sacks

80 Rand an die Ausbildung der Kinder. Dieser Beitrag wurde kommentarlos gestrichen.

Die Cappa-Sacks ist dem Anglo-Alpha-Pensionsfonds angeschlossen.

Haltung gegenüber Arbeitern und Gewerkschaft
Cappa-Sacks profitiert von den Arbeitsgesetzen in KwaZulu, die sämtliche Streiks für illegal erklären und bei Massenentlassungen keine Rekursmöglichkeiten zugestehen. Trotz ungenügender Löhne hat die Gewerkschaft deshalb bis jetzt von Streiks abgesehen. Auch die massiven Übergriffe von Vorarbeitern, die in jedem organisierten Betrieb im übrigen Südafrika zur Arbeitsniederlegung geführt hätten, wagten die Arbeiter bisher nicht auf diese Weise zu beantworten.

Birkart International Forwarding (SA) (Pty) Ltd.
Randburg
Transport
AK: 0,254 Mio. Rand
Die Birkart gehört zu 25,4 Prozent der Birkart Transport AG, Basel

Brown Boveri
siehe: Asea Brown Boveri (ABB)

Bühler-Miag (Pty) Ltd.
Johannesburg
Maschinen
Bühler-Miag ist zu 100 Prozent im Besitz der Gebr. Bühler AG, Utzwil. Die Firma beschäftigt 200 Personen, davon 80 Schwarze. Sie hat einen Anteil von 70 Prozent am Anlagenbau-Markt für die Nahrungsmittelindustrie.

Ciba-Geigy (Pty) Ltd.

P. O. Box 92, 1600 Isando

Die Ciba-Geigy ist seit 1926 in Südafrika. Sie importiert, produziert und vertreibt Pharmazeutika, Agrochemikalien, Textilchemikalien, Plastikprodukte und Photomaterial für Ilford.

Dem Verwaltungsrat gehören an (1987): J. G. Dekker, J. Waldvogel, H. W. Füllemann, P. D. Edkins, Dr. Clarke.

Das Aktienkapital beträgt 43 Mio. Rand und der Umsatz betrug 1986 150 Mio. Rand.

Die Ciba-Geigy hat in Südafrika folgende Tochtergesellschaften und Beteiligungen: Firm Inv. Ltd., Ziba (Pty) Ltd., Rexall (Pty) Ltd., Joshi & Sons (Pty) Ltd., Gesa Properties (Pty) Ltd.

Ciba-Geigy, Südafrika, ist zu 100 Prozent im Besitz der Ciba-Geigy-Gruppe. Im Hauptwerk in Kempton Park und in den Produktionsanlagen, Warenlagern und Marketing-Zentren in Durban, Kapstadt, Port Elizabeth, Brits, Pietermaritzburg, Bapsfontein, Malalane und Endicott arbeiten 864 Personen (1987), davon sind nur 338 Schwarze (307 Afrikaner, 31 «Asiaten»/«Farbige»). Die Zahl der schwarzen Beschäftigten ist rückläufig. Ein Vertreter der Chemie-Gewerkschaft CWIU vermutet dahinter eine Anti-Gewerkschaftsstrategie: Während die schwarzen Arbeiter alle organisiert sind, gehören die Weissen keinem Verband an.

Ciba-Geigy belegt in der Agrochemie den zweiten Platz, im Pharma- und Farbstoffbereich ist sie gar Marktführerin. Den Angaben der Arbeiter zufolge gehört die South African Defense Force, die südafrikanische Armee, neben den staatlichen Spitälern zu den wichtigsten Kunden der Ciba-Geigy.

Einen Teil der Produktion liefert Ciba-Geigy in andere Länder der Region.

Arbeitsbedingungen im Spartan-Werk, Kempton Park
Löhne: Im Spartan-Komplex arbeiten 470 Personen. Für die insgesamt rund 170 schwarzen Arbeiter betrug der Minimallohn 1989 990 Rand. Das Lohnniveau ist in dieser seit 1984 von der CWIU organisierten Fabrik höher als in den kleineren oder unorganisierten Werken der Ciba-Geigy. Der jährliche Betriebszugehörigkeitsbonus beträgt 10 Prozent eines Monatsgehalts für jedes angerechnete Jahr, maximal aber einen zusätzlichen Monatslohn.

Normalerweise sind bei Ciba-Geigy 40 Stunden pro Woche zu arbeiten. Überstunden müssen regelmässig in den Warenlagern und der Verteilung geleistet werden. Sie werden mit dem 1 ½fachen des regulären Lohnes abgegolten.

Urlaub: Die Arbeiter haben Anspruch auf jährlich 15 Tage Ferien. Das ist weniger als Transnationale Gesellschaften üblicherweise zugestehen. Die Ciba-Geigy bezahlt aber die anerkannten öffentlichen Feiertage sowie den 1. Mai (bereits bevor er nach heftigen Kämpfen der Gewerkschaften 1990 offiziell zum Feiertag erklärt wurde) und den 16. Juni.

Bei einem Todesfall oder einer Geburt in der Familie können zusätzlich 10 Freitage bezogen werden. Die Frauen haben seit dem 1. Januar 1989 Anspruch auf 4 Monate Mutterschaftsurlaub, während dem sie ⅓ des Lohnes erhalten.

Nebenleistungen: Die Ciba-Geigy betreibt ein Unterstützungsprogramm für den Hausbau. Arbeiter, die bei einer Hausbaugesellschaft einen Kredit aufnehmen wollen, erhalten von der Ciba-Geigy ein Empfehlungsschreiben. Zudem leiht ihnen die Firma 20 Prozent der ersten Einzahlung. Die Gewerkschafter weisen allerdings darauf hin, dass Ciba-Geigy bei den Empfehlungen sehr selektiv vorgehe.

Die Beschäftigten sind einer Krankenkasse und einem Pensionsfonds angeschlossen.

Die CWIU verhandelte seit 1988 über den Beitritt der Ciba-Geigy zum Chemical Industries National Provident Fund (CINPF), dem nationalen Vorsorgefonds der Gewerkschaft. Weil die Ciba-Geigy sich weigerte, die alleinige Kontrolle über die nicht unbeträchtlichen Mittel des hauseigenen Fonds – die Arbeiter zahlen 5,5 Prozent ihres Lohnes und die Firma 7 Prozent pro Beschäftigten – an den paritätisch aus Arbeiter- und Managementvertreter zusammengesetzten Vorstand des CINPF abzugeben, traten die 200 schwarzen Beschäftigten in Spartan und Brits am 7. Mai 1990 in den Streik. Als das Management auch nach sieben Wochen Streik noch auf seiner Position beharrte, überbrachten die Arbeiter am 18. Juni 1990 der Schweizer Botschaft in Pretoria ein Memorandum. Darin forderten sie die Schweizer Regierung auf, sich bei Ciba-Geigy zugunsten einer Beilegung des Arbeitskonfliktes einzusetzen: «Wir können die paternalistische und sture Haltung des Ciba-

Geigy-Managements nicht tolerieren und möchten darauf hinweisen, dass sie ein perfektes Rezept für eine Polarisierung in den Beziehungen zwischen Arbeitern und Management ist. Wir glauben, dass der friedliche Übergang zu einem neuen Südafrika in Gefahr ist, solange sich Unternehmer so verhalten.» Der Anspruch, über das eigene Geld mitzuentscheiden, sei Teil der neuen Gesellschaft, sagte ein CWIU-Vertrauensmann. Das Geld müsse dort investiert werden, wo es die Arbeiter am dringendsten brauchten, zum Beispiel im Wohnungsbereich. Nach 13 Wochen Streik kehrten die Beschäftigten am 1. August 1990 an die Arbeit zurück. Ihre Forderung hatten sie nicht durchsetzen können.

Haltung gegenüber Arbeitern und Gewerkschaft
Von den 45 Managern ist gerade einer schwarz. In angelernten Jobs hat die Zahl der Afrikaner wohl zwischen 1976 und 1986 leicht zugenommen. Seit 1985 ist jedoch gesamthaft gesehen die Zahl der schwarzen Beschäftigten gegenüber den weissen rückläufig. Die Ciba-Geigy stellt an schwarze Stellenbewerber höhere Qualifikationsanforderungen als an weisse.

Wie die meisten anderen Schweizer Unternehmen betont auch die Ciba-Geigy unablässig die Bedeutung, welche der Ausbildung der schwarzen Bevölkerung bei der Überwindung der Apartheid zukomme. Allerdings fördert Ciba-Geigy insbesondere die Ausbildung innerhalb der Homelands: Sie beteiligt sich an der Finanzierung der Landwirtschaftsschule im Homeland Gazankulu und einer Gewerbeschule im Homeland Bophuthatswana. Die Gewerkschaften verurteilen jegliche Investitionen in diese Regionen als Bejahung der Apartheid-Strukturen.

Die Anerkennung der CWIU als Mehrheitsgewerkschaft ging bei der Ciba-Geigy relativ zügig voran, und auch bei den Lohnverhandlungen 1987 und 1988 hatte die Gewerkschaft keine besonderen Schwierigkeiten, nachdem die Arbeiter der Firma 1986 ihren Standpunkt mit einer zweitägigen Arbeitsniederlegung klar gemacht hatten. Die Vertrauensleute sind aber überzeugt, dass sich die unmittelbaren Vorgesetzten gegenüber den Arbeitern mehr Freiheiten herausnehmen dürfen, seit die Gewerkschaft im Betrieb Fuss gefasst hat: Disziplinarstrafen und Schikanen haben massiv zugenommen.

Credit Suisse
Marshalltown
Vertretung der Schweizerischen Kreditanstalt

Danzas (Southern Africa) (Pty) Ltd.
Johannesburg
Transport
AK: 0,959 Mio. Rand
Die Danzas ist zu 100 Prozent im Besitz der Danzas AG, Basel

Embecon (SA) (Pty) Ltd.
Johannesburg
Beteiligungen
AK: 1,14 Mio. Rand
Die Embecon gehört zu 90 Prozent der MBT Holding AG, Zürich,
die ihrerseits zu 100 Prozent im Besitz der Sandoz ist.

Endress + Hauser (Pty) Ltd.
Sandtown
Beteiligungen
AK: 0,15 Mio. Rand
Die Mehrheit der Endress + Hauser-Aktien hält die Endress-
+ Hauser (International) Holding AG, Reinach.

Everite Holdings Ltd.
Everite House, 20 De Korte Street, Braamfontein, Johannesburg
2001
Die Schweizerische Eternit AG verlegte wegen dem Zweiten
Weltkrieg 1941 ihren afrikanischen Stützpunkt von Ägypten nach
Südafrika. Die Everite produziert und vermarktet Baumaterialien
aus asbesthaltigem Faserzement, Plastikprodukte (v. a. Röhren)
und Keramik.
Dem Verwaltungsrat gehören an: Hans Thöni, Emanuel Arni,
G. Buettiker, N. T. Carter, E. B. Claasen, M. J. Cavitanich, Max
Schmidheiny, Stephan Schmidheiny.

Das Aktienkapital beträgt 100 Mio. Rand. Der Umsatz betrug im Geschäftsjahr 1988/89 373 Mio. Rand (+ 15,5 Prozent gegenüber dem Vorjahr). Der Reinertrag war mit 23,7 Mio. Rand um 21 Prozent höher als im Vorjahr.

Tochtergesellschaften und Beteiligungen: Laut dem südafrikanischen Handbuch «Who owns whom» ist die Everite Holdings Ltd. an 54 Gesellschaften massgeblich beteiligt. Einige von ihnen liegen in den Homelands Bophuthatswana und Transkei. Im Jahre 1987, als immer mehr ausländische Firmen sich aus Südafrika zurückzogen, tätigte Everite mit dem Kauf der bedeutendsten Konkurrentin, der britischen Turner & Newall, ihre bisher grösste Übernahme.

Die Everite Holdings ist zu 38,1 Prozent im Besitz der Schweizerischen Eternit-Gruppe und hält ihrerseits 56,3 Prozent der Aktien von Everite Ltd.. Weitere 7 Prozent der Everite Ltd. sind im Besitz der Schweizerischen Eternit. Die Everite Ltd. beschäftigt 5356 Personen, gegen 5000 von ihnen arbeiten im Faserzement-Bereich.

Everite Fibre Cement Ltd.
Die Everite Fibre Cement Ltd. ist führend bei der Herstellung von Faserzementprodukten. Sie beliefert alle grösseren Bauunternehmen und Agro-Konzerne des Landes. Ein für die Everite äusserst wichtiger und zukunftsträchtiger Markt ist der Billighaus-Sektor: Pro Jahr müssten rund 200000 neue Häuser gebaut werden, um der Nachfrage nach Wohnraum einigermassen gerecht zu werden. Der Staat kann die finanziellen Mittel für die Bereitstellung dieser Häuser nicht mehr aufbringen, da er sonst anderswo Einsparungen machen müsste. Deshalb delegiert er den Wohnbereich zunehmend an Private. Ihnen fällt es leichter, das notwendige Geld − gerade auch im Ausland − aufzutreiben.

Arbeitsbedingungen in Brackenfell, Kapstadt
Brackenfell bei Kapstadt ist eines der drei Zweigwerke (Durban und Kliprivier bei Johannesburg) der Everite-Faserzement-Division. Hier arbeiten rund 1000 Personen, davon etwa 810 Schwarze (560 Afrikaner, 250 «Farbige»). Die gewerkschaftliche Organisie-

rung begann bereits anfang der 80er Jahre. Heute hat die CAWU in Brackenfell eine starke Stellung.

Löhne: Der Mindestlohn betrug 643 Rand. Die Überstunden – durchschnittlich 12 pro Woche – werden mit einem Zuschlag von ⅓ des Stundenlohnes vergütet. Nach 10 Dienstjahren bezahlt die Firma eine einmalige Prämie von 300 Rand und nach 20 Jahren erhalten die Beschäftigten 1500 Rand.

Urlaub: Der reguläre Ferienanspruch beträgt drei Wochen, nach fünf Dienstjahren vier Wochen. Die von den Gewerkschaften geforderten Feiertage werden mit Ausnahme des 1. Mai, der gegen den Botha-Tag eingetauscht wurde, nicht anerkannt.

Nebenleistungen: Seit 1987 können die Beschäftigten für ihre Kinder ein Stipendium beantragen. Bis anfangs 1989 waren aber alle Bewerber abgelehnt worden.

Die Everite gründete schon 1960 einen Pensionsfonds; 1977 fusionierte er mit jenem der Anglo Alpha zum «Rock Pension Funds».

In den letzten Jahren hat die Faserzement-Abteilung das Hauseigentum unter ihren Beschäftigten stark gefördert. Seit 1987 vermittelt sie den Arbeitern über ein Finanzinstitut Kredite zu relativ günstigen Zinsen. Anders als andere Firmen, die ihre Unterstützungsleistungen gegenüber den potentiellen Bezügern möglichst geheim halten, damit die Zahl der Gesuche tief bleibt, propagiert Everite ihre Angebote offen. Wegen der tiefen Löhne, der steigenden Baukosten und der hohen Zinsen für kommerzielle Darlehen, auf welche die Hauskäufer auch weiterhin angewiesen sind, können allerdings nur bessergestellte Arbeiter von den Förderungsmassnahmen der Firma Gebrauch machen.

Haltung gegenüber Arbeitern und Gewerkschaften
Als einziger der untersuchten Betriebe kennt die Everite Richtlinien, die die Überwindung der historischen Arbeitsteilung zwischen schwarzen und weissen Beschäftigten unterstützen sollen. Die Beförderungen von Schwarzen beschränkten sich bisher jedoch hauptsächlich auf Fahrer und Aufsichtspersonen. Für die wegen der Umstellung auf neue Technologie notwendige Umschulung werden kaum schwarze Arbeiter berücksichtigt. Statt dessen stellt die Firma für diese Tätigkeiten weisses Personal ein.

Nachdem die Everite lange versuchte, die gewerkschaftliche Organisierung ihrer Arbeiter zu verhindern, akzeptiert sie die CAWU heute und konsultiert sie regelmässig. Das Management anerkennt verbal die Bedeutung des COSATU und zeigte sich als einziger Schweizer Betrieb bereit, mit der Gewerkschaft über das neue Gesetz über Arbeitsbeziehungen zu diskutieren – wenn auch ohne konkretes Ergebnis.

Everite Plastik-Bereich
Die Everite-Tochter Pipekor, zweitgrösste PVC-Herstellerin des Landes, fusionierte 1988 mit der grössten PVC-Produzentin Durapenta (Pty) Ltd., die von AECI Ltd. (gehört der südafrikanischen Anglo American Corporation und der britischen ICI) kontrolliert wird. Die neue Firma heisst DPI Plastics (Pty) Ltd. und gehört Everite und AECI zu je 50 Prozent. Der Zusammenschluss wird – so der Everite-Geschäftsbericht 1988 – weitreichende Rationalisierungsmassnahmen mit sich bringen.

Zum Plastik-Bereich gehören zudem Santar Pipes (Pty) Ltd. und Agriplas, Marktleaderin bei Sprinkleranlagen.

Arbeitsbedingungen bei Santar Pipes, Alrode
Die Arbeitsbedingungen für die rund 130 Beschäftigten (88 Afrikaner und 2 «Asiaten») bei Santar Pipes sind generell schlechter als im Everite-Faserzement-Bereich. Die Gewerkschaft CWIU konnte sich hier erst 1986 etablieren.

Löhne: Die Mindeststundenlöhne sind 10 Cents tiefer als in der Faserzement-Division und die Differenzen zwischen den Lohnklassen sind grösser: der Lohn ist überproportional höher, je besser jemand eingestuft ist. Nach 10 Dienstjahren bezahlt die Firma eine einmalige Prämie von 300 Rand, nach 15 Jahren von 1000 Rand.

Urlaub: Über Weihnachten und Neujahr schliesst die Santar für vier Wochen. Die von der Gewerkschaft geforderten Feiertage anerkennt sie nicht. Der dreimonatige Mutterschaftsurlaub ist unbezahlt.

Nebenleistungen: Seit drei Jahren fordern die Arbeiter Unterstützung im Wohnbereich. Sie möchten statt unter übelsten Bedingungen im Hostel lieber mit ihren Familien zusammenwohnen. Santar hat bisher abgelehnt. Statt dessen brüstet sich das Management mit den Spenden der Everite für eine 50 Kilometer entfernte Klinik und für eine Schule im Homeland KwaNdebele.

Die Krankenversicherung kostet wöchentlich 13.50 Rand und ist für die Arbeiter, die pro Woche brutto 126 Rand verdienen, unerschwinglich. Die Arbeit ist jedoch sehr ungesund und erfordert oft Kontakt mit Wasser und Teer. Obwohl die Temperatur im Winter nicht selten bis fast zum Gefrierpunkt fällt, hat es die Betriebsleitung aus Kostengründen bisher abgelehnt, die Räume zu heizen.

Die Santar betrachtet den Rücktransport der Schichtarbeiter abends um 21.30 Uhr in das 20 Kilometer entfernte Township nicht als ihre Angelegenheit. Auf ihrem Heimweg wurde letzthin eine Frau überfallen und reichte deshalb Klage ein. Als sie während zweier Tage vor Gericht aussagen musste, bezahlte ihr Santar nur gerade den Lohn für einen Arbeitstag.

Haltung gegenüber Arbeitern und Gewerkschaft

Die Arbeitsteilung ist traditionell, die Weissen übernehmen qualifizierte Arbeit und besetzen bis auf den schwarzen Personalchef für die Afrikaner und vier Supervisoren alle Vorgesetzten-Positionen. Das Management wird von den CWIU-Sekretären als eines der härtesten und unfairsten der Branche bezeichnet. Der Umgangston zeigt sich etwa am Beispiel jenes Kesselwartes, der die Toilette aufsuchte, ohne um Erlaubnis zu fragen, weil er den Vorarbeiter gerade nicht finden konnte. Er wurde ohne Anhörung versetzt, sein Lohn wurde gekürzt. Ein anderes Beispiel für die Haltung der Geschäftsleitung gegenüber den Arbeitern ist der Arbeitsvertrag, der die Unterzeichnenden zur Leistung von Überstunden verpflichtet, obwohl nach südafrikanischem Gesetz Überstunden grundsätzlich freiwillig geleistet werden sollten. Als einige Beschäftigte aus Protest an einem Sonntag nicht zur Arbeit erschienen, wurden sie am nächsten Tag entlassen.

Die Anerkennung der CWIU mussten die Arbeiter mit einer Arbeitsniederlegung erzwingen. Vertrauensleute werden belästigt und in ihrer Arbeit behindert. Schikanen wie etwa Verwarnungen wegen geringsten Verspätungen haben auch bei gewöhnlichen Gewerkschaftsmitgliedern stark zugenommen. Ab Aufseher-Stufe ist der Gewerkschaftsbeitritt untersagt. Die Beschäftigten wollten diese Regelung im Februar 1988 mit einem Arbeitsunterbruch rückgängig machen. Die Geschäftsleitung liess sie darauf für längere Zeit aussperren – und behielt die Regelung bei.

Flexadux (Schauenburg Flexadux Pty Ltd.)
Wadeville
Tochtergesellschaft: Schauenburg SA (Pty) Ltd.
Kontrolliert wird die Flexadux von Schauenburg AG, Zürich (Erwerb und Vermarktung von Beteiligungen).

Gerling Global Reinsurance Company of South Africa Ltd.
Johannesburg
Versicherung
AK: 4 Mio. Rand
15 Prozent der Aktien befinden sich im Besitz der Gerling Globale Rückversicherungs-Gruppe AG, Zug.

Givaudan South Africa (Pty) Ltd.
Isando
Givaudan South Africa importiert Geschmacks- und Parfumstoffe und ist in diesem Bereich zweitwichtigster Betrieb Südafrikas. Die Firma ist Roche Products angegliedert.
Die Givaudan gehört mehrheitlich der L. Givaudan & Cie SA, Vernier, die wiederum im Besitz der Hoffmann – La Roche ist.

Hohner SA (Pty) Ltd.
Johannesburg
Die Hohner gehört zu 51 Prozent der Hohnika AG, Zürich (Beteiligungen).

IMS Industrial Machinery Supply (Pty) Ltd.
Johannesburg
IMS liefert Ausrüstung für Kraftwerke, für die Minen-, die Stahlindustrie und die chemische Industrie. Die Firma gehört zur Schweizer Holding IPTC Industrial Products Technical Company, Zürich. Bekannt wurde IMS durch die Rolle, die sie bei der Realisierung des ersten AKWs in Südafrika spielte. Sie vermittelte den 1000 Millionen-Rand-Kontrakt für den Bau von Koeberg an ein französisches Konsortium unter der Leitung von Framatome.

IMS machte ausserdem im öffentlichen und privaten Sektor auf die Notwendigkeit von Diesel-Generatoren für den Fall eines Stromunterbruchs aufmerksam und erhielt darauf die entsprechenden Aufträge von einigen Spitälern und Goldminen. Die Firma organisierte ein Konsortium, welches Ausrüstung für parastaatliche Unternehmungen liefert (Generatoren für die Escom-Kraftwerke Matimba und Lethabo) und initiierte einen Zusammenschluss südafrikanischer und ausländischer Firmen, die in den nächsten zehn Jahren die Aufträge für zahlreiche anstehende Nahverkehrsprojekte unter sich aufteilen wollen.

Johannesburg Catering Services (Pty) Ltd.
Kempton Park
Verpflegungsservice für internationale Luftverkehrsgesellschaften
Die Firma ist zu 100 Prozent im Besitz der Swissair Beteiligungen AG, Zürich.

Kühne & Nagel Travel Ltd.
Johannesburg
Transport
Kühne & Nagel unterhält auch Büros in Lesotho und Swaziland. Die Firma befindet sich zu 100 Prozent im Besitz der Kühne & Nagel International AG, Pfäffikon.

Kuoni Travel (Pty) Ltd.
Johannesburg
Kuoni Travel unterhält in Südafrika drei Büros.
Die Firma ist im Besitz der Reisebüro Kuoni AG, Zürich.

Liebherr-Africa (Pty) Ltd.
Springs
Maschinen
AK: 6 Mio. Rand
Besitzerin der Liebherr-Africa ist Liebherr-International SA, Bulle.

Luwa (South Africa) (Pty) Ltd.
Wendywood
Klimatechnik
AK: 1,7 Mio. Rand, Umsatz: 8 bis 12 Mio. Rand
110 Beschäftigte, davon 65 Schwarze
Die Luwa hält einen Anteil von 90 Prozent am Markt für Klima- und Lüftungstechnik in der Textilindustrie.
Die Luwa ist zu 100 Prozent im Besitz der Luwa AG, Zürich (Familie Bechtler).

Merck (Pty) Ltd.
Midrand
Chemie/Pharma
AK: 4,3 Mio. Rand
Die Merck gehört zu 100 Prozent der Merck AG, Zug (Besitzer: Otto von Gleck, Arlesheim).

Modern Holdings (Pty) Ltd.
Kapstadt
Beteiligungen
AK: 0,5 Mio. Rand
51 Prozent der Modern-Holdings-Aktien sind im Besitz der Wella Beteiligungen AG, Fribourg.

132

National Oil (Pty) Ltd.
Johannesburg
Schmierstoffe
AK: 0,1 Mio. Rand
Tochtergesellschaft: National Oil Coastal (Pty) Ltd.
Die National Oil gehört zu je 50 Prozent Fuchs Petrolub AG, Frauenfeld und Fuchs Interoil GmbH, Mannheim.

Nestlé (Food and Nutritional Products) (Pty) Ltd.
P.O.Box 50616, 2125 Randburg
Die Nestlé ist seit 1916 in Südafrika. Der Delegierte des Verwaltungsrates der Nestlé AG, Helmut Maucher, erklärte 1985 an einer Pressekonferenz, seine Gesellschaft sei schon vor der Apartheid in Südafrika gewesen und denke nicht an einen Auszug. In Nicaragua sei sie schliesslich auch geblieben. Und wollte die Nestlé aus jedem Land mit einer missliebigen Regierung ausziehen, könnte sie keine multinationale Gesellschaft mehr sein. In Südafrika hoffe Nestlé auf eine «vernünftige Evolution».

Nestlé ist in Südafrika mit Ausnahme der Getränke, der Tiefkühlprodukte und Glacen in allen für sie typischen Produktegruppen tätig.

Der Umsatz betrug 1986 rund 500 Mio. Rand.

Verwaltungsrat (1987): J. P. Mendes, J. A. Buchanan, Dr. Sealy Fisher, E. D. Conte, C. A. M. Reeve, H. Frei, R. J. Gasser.

Tochtergesellschaften: In 100prozentigem Besitz der Nestlé befinden sich Crosse & Blackwell (Pty) Ltd. und SA Condensed Milk Co. (Pty) Ltd. 1985 übernahm die Nestlé AG die amerikanische Carnation. Im gleichen Jahr verkaufte die «Church of England» ihr Carnation-Aktienpaket im Umfang von 4,4 Mio. Pfund, weil sich die Firma auch durch den intensiven Briefwechsel mit den britischen Kirchenvertretern nicht dazu bewegen liess, alle schwarzen Arbeiter der südafrikanischen Tochtergesellschaft gemäss dem Sullivan-Kodex zu entlöhnen.

Im Jahre 1988 übernahm der Nestlé-Konzern die britische Rowntree Plc. und damit die südafrikanische Tochter Wilson-Rowntree (Pty) Ltd. in East London. Jede dieser Übernahmen war in Südafrika mit Entlassungen verbunden.

Die Nestlé in Südafrika, die Food and Nutritional Products (Pty) Ltd., ist zu 100 Prozent im Besitz der Nestlé AG, Vevey. In ihren Produktionsbetrieben und Warenlagern in Bellville, Durban, Estcourt, East London, Germiston, Harrismith, Isando, Kapstadt, Pietermaritzburg, Port Elizabeth und Standerton beschäftigt sie gegen 4000 Personen, rund zwei Drittel davon sind Schwarze. In einigen Betrieben organisiert die FAWU.

Arbeitsbedingungen in den Depots von Isando und Prospecton
Im Depot von Isando (Johannesburg), wo die Nestlé-Produkte vermarktet und an die Kundschaft im Transvaal verteilt werden, sind 350 Arbeiter beschäftigt, davon sind 206 Schwarze (200 Afrikaner, 2 «Farbige», 4 «Asiaten»). Im Depot von Prospecton (Durban) arbeiten von insgesamt 110 Personen rund 80 Schwarze.

Löhne: 1988 erhielten die Angehörigen der tiefsten Lohnklasse in Johannesburg 813 Rand monatlich, in Durban 738 Rand, in Pietermaritzburg 700 Rand und in andern Betrieben noch weniger. Die Arbeitszeit beträgt 44 Stunden pro Woche. Die Überstunden – meistens weniger als 10 Stunden wöchentlich – werden regional ebenso unterschiedlich abgegolten wie die Normalarbeitszeit: In Isando und allen Carnation-Werken erhalten die Arbeiter das 1½fache des Stundenansatzes, in den andern Werken wird dagegen nur 1⅓ des Stundenlohnes ausbezahlt.

Die Überstundenzahl ist vergleichsweise gering, obwohl Nestlés Umsatz und Arbeitsanfall dauernd steigt und die Belegschaft nicht entsprechend aufgestockt wird. Das Management nimmt für gewisse Aufgaben andere Firmen unter Vertrag. So werden viele Transporte von kleinen Unternehmungen ausgeführt, die ihren Fahrern einen Bruchteil eines Nestlé-Lohnes bezahlen. Auch die Sanmac, die das Werk in Isando putzt, zahlt Hungerlöhne: ihr Reinigungspersonal verdient rund 280 Rand pro Monat! In Durban focht die Gewerkschaft die Praxis der Nestlé, Transportaufträge nach auswärts zu vergeben, an. Das Management führte zu seiner Rechtfertigung eine völlig aus der Luft gegriffene Begründung an: Lastwagen mit Durban-Kennzeichen dürfen nicht Transporte in andere Regionen vornehmen.

Urlaub: Der jährliche Ferienanspruch beträgt 15 Tage und nach fünf Jahren Betriebszugehörigkeit 20 Tage. Wanderarbeiter können zusätzlich drei Tage beziehen. Frauen haben Anspruch auf einen teilweise bezahlten Mutterschaftsurlaub einen Monat vor und drei Monate nach der Geburt.

In Isando gilt der 16. Juni als bezahlter Gedenktag, in Natal dagegen nicht. Nestlé begründet diese unterschiedliche Politik mit der angeblichen Nähe der Arbeiter in Durban, Pietermaritzburg und Estcourt zur Inkatha, welche die militanten Jugendlichen, denen dieser Tag gewidmet ist, seit jeher bekämpft.

Der 1. Mai wird von Nestlé nicht als Feiertag anerkannt.

Nebenleistungen: Die Nestlé bezahlt kaum Nebenleistungen, und wenn die Arbeiter in schwierige Situationen geraten, können sie nicht mit der Unterstützung der Firma rechnen. Wenn jemandem die Kündigung der Wohnung droht, weil er/sie die Miete nicht mehr bezahlen kann, leistet die Firma keine finanzielle Überbrückungshilfe. Darlehen können bei Nestlé erst nach zwei Jahren Betriebszugehörigkeit aufgenommen werden und bei der Gewährung geht die Firma äusserst selektiv vor. Während der Überschwemmungen in Durban 1987, durch die 500 000 Menschen ihre Wohnung verloren, reagierte Nestlé nicht besser als die durchschnittlichen Unternehmungen der Region: Sie gestand den obdachlos gewordenen Arbeitern gerade fünf freie Tage zu, um sich eine neue Unterkunft zu organisieren.

Über den Pensionsfonds, den die Gewerkschaft in seiner jetzigen Form ablehnt, über wirksame finanzielle Unterstützung im Wohnbereich und über bisher fehlende Ausbildungsbeiträge für die Kinder der Beschäftigten möchte die FAWU auf Firmenebene verhandeln, da sie es als wenig sinnvoll erachtet, für jede Fabrik eine spezielle Lösung auszuhandeln. Die Nestlé beharrt jedoch auf ihrer bisherigen Taktik der Einzelabfertigung.

Haltung gegenüber Arbeitern und Gewerkschaft
Nestlé bemüht sich in der Öffentlichkeit um ein fortschrittliches Image. Aber die betriebsinterne Arbeitsteilung zwischen schwarzen und weissen Beschäftigten steht in krassem Widerspruch zu dieser Selbstdarstellung. In Isando sind alle Manager und Abteilungsleiter weiss. Erst auf der untersten Stufe wird dieses Muster durchbrochen. 11 Vorarbeiter sind schwarz – sie spielen den Puffer zwischen den schwarzen Arbeitern und dem weissen Kader.

Obwohl sie keinerlei Kompetenzen haben, Leute einzustellen oder zu entlassen und nur die Instruktionen von oben nach unten weitergeben, ist ihnen der Gewerkschaftsbeitritt untersagt.

Auch andere qualifizierte Tätigkeiten wie die eines Mechanikers, oder anspruchsvolle Administrativarbeiten und die Verkaufsrepräsentation werden in Isando praktisch ausschliesslich von Weissen ausgeführt. Von den rund 30 im Aussendienst beschäftigten Personen, deren Aufgabe es ist, neue Kundschaft anzuwerben und neue Produkte einzuführen, sind höchstens fünf schwarz. Andererseits sind ausschliesslich Schwarze für die Bestellungsabwicklung und die alltägliche Verkaufswerbung zuständig. Sie werden im Aussendienst nicht eingesetzt, obwohl sie nach eigenen Angaben dafür ausreichend qualifiziert wären.

In der Administration arbeiten die 16 weissen Frauen als Sekretärinnen für die Geschäftsleitung oder in der Finanzabteilung, während die 13 Afrikanerinnen die eintönige Fakturierungsarbeit erledigen. Erst nach einer harten Auseinandersetzung erreichte die Gewerkschaft, dass 1987 erstmals eine schwarze Frau im Computerbereich eingestellt wurde.

Der alltägliche Umgang zwischen Gewerkschaft und Management bezeichnet die FAWU als einigermassen reibungslos. Nestlé versucht aber, die Gewerkschaftspositionen zu schwächen, indem sie die Verhandlungen auf möglichst vielen verschiedenen Gleisen führt. In Prospecton beharrt Nestlé darauf, die Verhandlungen für die Handels- und Verteilungsabteilungen gesondert von derjenigen für die andern Bereiche zu führen. So ist die FAWU gezwungen, gleichzeitig mit zwei verschiedenen Delegationen an zwei verschiedenen Verhandlungen im gleichen Betrieb teilzunehmen.

Ondelle SA (Pty) Ltd.
Kapstadt
Kosmetik
AK: 0,03 Mio. Rand
Ondelle gehört der Wella Beteiligungen AG, Fribourg.

Oerlikon Electrodes (Pty) Ltd.

P.O.Box 273, Kempton Park 1620

Oerlikon Electrodes ist seit 1969 in Südafrika und produziert dort Elektroden und Schweissstäbe. Ihr Anteil am Elektroden-Markt beträgt 15 Prozent. Oerlikon beliefert Bauunternehmungen, darunter die Dorbyl Ltd., die viele Staatsaufträge ausführt. Die nicht unbeträchtlichen Exporte der Oerlikon gehen vorwiegend nach Zambia, Namibia und Moçambique. Oerlikon unterhält ein Werk in Zimbabwe.

Dem Verwaltungsrat gehören an: J. K. Jasper, D. Maartens, H. Menzi, E. Roth, P. G. Eggstein.

Der Umsatz betrug 1986 10 Mio. Rand.

Die Oerlikon Electrodes gehört mehrheitlich der Holding Intercito SA in Panama, an der die Oerlikon-Bührle Holding AG eine Mehrheitsbeteiligung hält. Oerlikon Electrodes beschäftigt in ihrem Produktionsbetrieb in Kempton Park und den Warenlagern in Durban, Middelburg, Kapstadt, Potchefotroom u. a. rund 150 Personen, davon 65 Schwarze. Sie sind Mitglieder der NUMSA.

Die Oerlikon-Bührle hält zudem über die Bally-Gruppe eine Minderheitsbeteiligung an M & S Spitz Footwear Holding Ltd. in Johannesburg.

Arbeitsbedingungen

Löhne: Die meisten schwarzen Beschäftigten sind in der untersten Firmenlohnklasse eingestuft und verdienen einen Mindestlohn von 624 Rand pro Monat. Sie arbeiten wöchentlich regulär 44 Stunden und zusätzlich täglich rund 2½ Stunden sowie samstags von 7 bis 15 Uhr Überzeit. Für die Überstunden bezahlt Oerlikon 1⅓ des Stundenlohnes. Wer sich weigert, Überzeit zu leisten, erhält Warnungen, die letztlich zur Entlassung führen können. Am Jahresende erhalten die Beschäftigten nach Betriebszugehörigkeit abgestufte Gratifikationen. ＇

Urlaub: Der Ferienanspruch beträgt drei Wochen, nach fünf Jahren vier Wochen. Zusätzlich bezahlt die Firma die offiziellen Feiertage. Den Botha-Tag konnten die Arbeiter gegen den 1. Mai eintauschen.

Nebenleistungen: Oerlikon leistet keine Unterstützung im Wohnbereich oder bei der Ausbildung der Kinder. Zwar existiert eine freiwillige Krankenversicherung, aber der Beitrag von 12 Rand pro Woche übersteigt die Möglichkeiten der meisten schwarzen Arbeiter.

Die Gewerkschaft möchte über Sicherheitsbestimmungen am Arbeitsplatz verhandeln. Gespräche darüber lehnt die Oerlikon jedoch ab. Als einzige Sicherheitsvorkehrung wird zurzeit Milch angeboten – gegen den Staub!

Haltung gegenüber Arbeitern und Gewerkschaft

Die Arbeitsteilung ist auch bei Oerlikon klassisch: Die Weissen verrichten die qualifizierten Tätigkeiten, während die Schwarzen grösstenteils in un- und angelernten Jobs beschäftigt sind. Die bestbezahlten unter ihnen sind drei Aufseher, 7 Maschinisten, 4 Fahrer und 1 Hilfsmonteur. Vakante Stellen für qualifizierte Berufe werden nicht mit betriebseigenem Personal besetzt.

Die Arbeiter versuchten sich erstmals 1981 in der SAAWU (South African Allied Workers Union) zu organisieren. Oerlikon lehnte ihre formale Anerkennung ab. Die Verhaftung zahlreicher Führungsmitglieder von SAAWU – diese Gewerkschaft ist inzwischen in den verschiedenen COSATU-Verbänden aufgegangen – verhinderte, dass die Gewerkschaft in ihrer gewohnten Stärke gegen die ablehnende Firma vorgehen konnte. Trotzdem zeigte sich Oerlikon bereit, gewisse Forderungen zu erfüllen.

Als sich die Arbeiter 1987 der NUMSA anschlossen, nahm Oerlikon eine wesentlich härtere Haltung ein: Sie zitierte die Beschäftigten einzeln vor die Geschäftsleitung und fragte sie über ihre Gründe für den Gewerkschaftsbeitritt aus. Das Abkommen, welches die NUMSA schliesslich aushandeln konnte, fällt in einigen Punkten sogar hinter die Zugeständnisse zurück, die der SAAWU 1981 gemacht wurden.

Pelikan Products (Pty) Ltd.
Johannesburg
Bürobedarf, Papier
AK: 0,08 Mio. Rand
An der Pelikan Products ist die Pelikan Holding AG, Zug zu 20 Prozent beteiligt.

Roche Products (Pty.) Ltd.
P.O.Box 4589, 2000 Johannesburg
Die Roche ist seit 1947 in Südafrika. Sie stellt in ihrer Fabrik in Isando alle Medikamente des Konzernangebotes her. Zusätzlich erzeugt sie Produkte in den Bereichen Vitamine und Diagnostika. In der Vitaminsparte ist sie Marktführerin.
Verwaltungsrat (1987): F. Gerber, K. W. Henry, B. S. De Wet, J. W. Tanner, C. N. H. Drummond, A. E. Wright.
AK: 70 Mio. Rand, Umsatz (1986): 70 Mio. Rand
Zu 100 Prozent im Besitz der F. Hoffmann-La Roche & Co. AG.
Tochtergesellschaften und Beteiligungen:
Roche Development Co. (Pty) Ltd. (No 1), Roche Development Co. (Pty), Ptd. (No 2), Roche Development Co. (Pty), Ptd. (No 3).
    1986 beschäftigte die Roche Products 320 Personen, davon 130 Schwarze.

Sandoz Products (Pty) Ltd.
Isando
Die Sandoz unterhält in Südafrika seit 1962 eine Vertriebsgesellschaft. Sie importiert und verkauft sämtliche Produkte des Konzerns. Sandoz ist an der Finanzierung einer Landwirtschaftsschule im Homeland Gazankulu mitbeteiligt.
Umsatz (1986): 38 Mio. Rand
Sandoz Products beschäftigte 1986 115 Personen, davon 28 Schwarze.

Sandvik (Pty) Ltd.
Benoni
Metalle
Die Sandvik gehört der Sandvik AG, Spreitenbach

Schindler Lifts (Pty) Ltd.
P.O.Box 3615, 2000 Johannesburg
Schindler kam 1949 nach Südafrika. Sie deckt zusammen mit der britischen Otis den grössten Teil des Aufzug-Marktes im südlichen

Afrika ab. Schindler exportiert vorwiegend ins südliche Afrika. 1989 stellten die Arbeiter aber auch eine Anlage im Wert von 41 Mio. Rand für ein Hotel in Japan her.

Dem Verwaltungsrat gehörten 1987 an: J. G. Hartmann, E. M. Southey, H. H. Lombard, C. H. J. Van Aswegen, K. C. Whyte, R. E. Hassler, F. Wittwer.

Umsatz (1986): 130 Mio. Rand.

Schindler hat folgende Tochtergesellschaften: Schindler Fire & Security (Pty) Ltd. (Feuerbekämpfungs- und -sicherungsanlagen), Springfield Land & Development Co. (Pty) Ltd.

Die Schindler Lifts (Pty) Ltd. ist zu 94 Prozent im Besitz der Schindler Holding AG, Hergiswil. In ihrem Werk in Springfield (Johannesburg) und in ihren Depots in Pretoria, Durban, Bloemfontein, Kapstadt, Pietermaritzburg und Port Elizabeth beschäftigte sie 1986 rund 900 Personen, davon etwa 450 Schwarze. Die NUMSA ist seit 1987 als Mehrheitsgewerkschaft anerkannt. Schindler Lifts betreibt Depots in Botswana, Namibia und Zimbabwe.

Siemens Ltd.
Johannesburg
Elektroindustrie
AK: 13,45 Mio. Rand
Gehört zu 52 Prozent der Siemens Beteiligungen AG, Zürich.

Somco – Swiss Office Machinery Co. (Pty) Ltd.
Johannesburg
Verkauf und Service von Schweizer Büromaschinen (Hermes). Hermes Precisa International SA, Yverdon les Bains, hält 25.3 Prozent der Aktien.

Spedag South Africa (Pty) Ltd.
Johannesburg
Spedition
Gehört der Spedag Speditions AG, Muttenz

140

Sprecher + Schuh (Pty) Ltd.
Johannesburg
Elektroindustrie
AK: 1,1 Mio. Rand
Die Sprecher + Schuh ist seit mehr als zwanzig Jahren in Südafrika
und hielt dort über eine Vertreterfirma einen interessanten Marktanteil. Als sich 1986 die Gelegenheit bot, diese Firma zu kaufen,
sagte Sprecher + Schuh nicht nein. Weil andere ausländische Firmen sich zurückzogen, war die Situation günstig: «Der Rand war
billig und wir hatten den Vorteil, dass eine Reihe von Konkurren-
ten ausgezogen ist und wir abrahmen konnten», erklärte der Di-
rektionspräsident der Sprecher + Schuh Holding AG, Hans von
Werra, 1987 gegenüber dem «Tages-Anzeiger». Verwaltungsratspräsident der Sprecher + Schuh ist FDP-Ständerat Bruno Hunzi-
ker.

Staefa Control System (Pty) Ltd.
Johannesburg
Elektronik
Staefa Control System ist zu 100 Prozent im Besitz der Staefa Control System SCS AG, Stäfa, die ihrerseits zu 100 Prozent der Elektrowatt AG gehört. Die Elektrowatt spielte beim Bau des bisher
einzigen Atomkraftwerks Südafrika eine wichtige Rolle: Sie be-
sorgte die technische, kommerzielle und ökonomische Evaluation
des Projekts, insbesondere die Pläne für die Sicherheitsvorrich-
tungen, und assistierte bei der Auswahl der Vertragspartner.

Studer Revox South Africa (Pty) Ltd.
Johannesburg
Elektronische Apparate
Studer Revox gehört der Willi Studer AG, Regensdorf.

Sulzer Bros. (South Africa) Ltd.
Johannesburg
Umsatz: 95 Mio. Rand
Herstellung und Vertrieb von Kreiselpumpen, Kühlapparaten,
Fliessbetontrockner, Turbomaschinen, Textilmaschinen u. a.
670 Beschäftigte, davon 199 Schwarze.
Der Marktanteil bei den Maschinenpumpen beträgt zwischen
70 und 80 Prozent, bei den Textilmaschinen über 50 Prozent.
Langjährige Kunden der Sulzer sind Escom, Sasol (parastaat-
liches Unternehmen, das u. a. Kohle verflüssigt und sie in Gas und
Öl umwandelt), Raffinerien, Minengesellschaften.
Die Sulzer Bros. ist eine 100prozentige Tochtergesellschaft der
Gebr. Sulzer AG.

Swiss South African Reinsurance Co. Ltd.
Johannesburg
Versicherung
AK: 2 Mio. Rand
Die Firma gehört zu 100 Prozent der Schweizer Rück Holding AG,
Zürich.

Swiss Bank Corporation
Johannesburg
Vertretung des Schweizerischen Bankvereins, Basel.

Union Bank of Switzerland
Marshalltown
Vertretung der Schweizerischen Bankgesellschaft, Zürich.

Wild + Leitz (RSA) (Pty) Ltd.
Johannesburg
Verkauf und Service der Wild Leitz-Produkte, insbesondere
Theodoliten. Während Jürg Preising, Marketing-Direktor der
Wild Heerbrugg, noch 1982 erklärte, die südafrikanische Firma

gehöre zu den besten Tochtergesellschaften der Gruppe, heisst es heute bei der Wild Leitz, Südafrika sei völlig unbedeutend. Die Wild + Leitz gehört mehrheitlich der Wild Leitz AG, Heerbrugg.

Kommentar

Allen oben aufgeführten Firmen ist gemeinsam, dass sie sich zu einem bedeutenden Teil im Besitz einer Unternehmung befinden, die ihren Sitz in der Schweiz hat. Zusammengestellt wurde die Liste aufgrund bereits existierender Aufstellungen (vgl. Quellenangabe). Zusätzliche Recherchen haben ergeben, dass keine dieser Listen fehlerlos oder vollständig ist. Niemand scheint im Moment ein grosses Interesse zu haben, direkte Beziehungen zu Südafrika vollständig offenzulegen. Unsere Zusammenstellung muss vor diesem Hintergrund gelesen werden.

Weil uns hier in erster Linie der Kampf südafrikanischer Gewerkschaften um bessere Arbeitsbedingungen interessiert, beschränken wir uns auf die Nennung von Unternehmungen, die wir in der Schweiz ansprechen können. Südafrikanische Betriebe, die Schweizern gehören, aber keine Kapitalverflechtungen mit hiesigen Firmen aufweisen, haben wir deshalb weggelassen. Weggelassen haben wir bewusst auch andere Unternehmungen mit Südafrika-Connections:

– Firmen, deren Tätigkeitsangabe oder Verwaltungsräte auf Geschäfte mit Südafrika schliessen lassen. (Zum Beispiel die Ciskei Trading AG in Zug, die ihr Tätigkeitsfeld mit «Förderung und Vermittlung von Waren aller Art mit dem Territorium Ciskei» umschreibt, oder die im November 1989 in Zürich gegründete Zirlite Traders AG, in deren Verwaltungsrat drei Bürger der Republik Südafrika einsitzen.)

– Firmen, von denen wir wissen, dass sie an Sanktionsumgehungsgeschäften beteiligt sind. Bekanntestes Beispiel ist die Marc Rich AG in Zug, welcher das Amsterdamer Shipping Research Bureau bisher 48 Erdöllieferungen nach Südafrika nachweisen konnte.

143

– Tochtergesellschaften südafrikanischer Unternehmungen, die sich wegen des sanktionsresistenten Klimas immer häufiger in der Schweiz niederlassen. Neben der Diamond Trading Company des Diamantenhandelshauses und Minenkonzerns De Beers (sie wickelt in Luzern rund ⅓ des weltweiten Rohdiamantenhandels ab) und der Centenary AG (sie verwaltet von Luzern aus die ausländischen Beteiligungen De Beers), sowie der Compagnie Financière Richemont in Zug (sie verwaltet die Auslandinverstitionen der mächtigen Rembrandt-Gruppe), erwähnte der Internationale Bund Freier Gewerkschaften (IBFG) im Juni 1989 noch 16 weitere Niederlassungen südafrikanischer Firmen in der Schweiz. Das Wirtschaftsmagazin «Bilanz» zählte im Frühling 1989 allein 81 Firmen, die sich in Zusammenhang mit der Oppenheimer-Gruppe (Anglo American und De Beers) bringen lassen.

Quellen:
Who owns whom, Der Schweizerische Beteiligungsatlas, Zürich 1989
Robin McGregor, *Who owns whom – The investors' Handbook*, Johannesburg 1989
Robin McGregor, *Who owns whom, unlisted companies*, Johannesburg 1987
Internationaler Bund Freier Gewerkschaften, *Investitionen in Apartheid*, Brüssel, Mai 1988

Tauziehen um die Apartheid

Gewerkschaftsbewegung in Südafrika

GINEVRA SIGNER

Gewerkschaftliche Organisation war für schwarze Arbeitnehmer in Südafrika immer schwierig. Bereits am Anfang dieses Jahrhunderts gab es Gesetze, die die kollektiven Rechte allein den weissen Arbeitnehmern zubilligten und den afrikanischen Arbeitern gewerkschaftliche Tätigkeit praktisch untersagten. Trotz dieses Quasi-Verbots wurde die kollektive Betätigung schwarzer und farbiger Arbeiter hingenommen. 1948, nach dem Wahlsieg der Nationalen Partei, änderte sich das radikal. Die Entwicklung der schwarzen Gewerkschaften wurde mit allen Mitteln unterbunden. Unter dem Vorwand kommunistischer Umtriebe – und unter Anwendung der entsprechenden Sondergesetze – wurden viele Gewerkschafter verhaftet oder gebannt. Die südafrikanische Regierung führte für schwarze Arbeiter sogenannte Betriebsräte ein. Dieses System brachte den Arbeitern aber keine gewerkschaftlichen Rechte, sondern wurde zu ihrer Disziplinierung eingesetzt. Nach wiederholten Rezessionen nahm der Druck auf die Löhne der schwarzen Arbeiter zu. Als Folge davon wuchs in den frühen Siebzigerjahren die Konfliktbereitschaft der schwarzen Bevölkerung. Nach heftigen sozialen Spannungen, aber auch unter dem Einfluss zunehmender internationaler Kritik wurde 1979 das Arbeitsrecht revidiert, das jetzt den schwarzen Arbeitnehmerinnen und Arbeitnehmern in sehr engen Grenzen gewerkschaftliche Organisation zubilligt.

Seit 1980 können sich Gewerkschaften frei bilden, was aber nicht auch gleichzeitig die Anerkennung von Gewerkschaftsschutz bedeutet. Im Gegenteil: ihre Rechte bleiben eingeschränkt, so ist zum Beispiel ihr Versammlungsrecht oder das Recht auf Werbung beschränkt. Betriebsversammlungen können nur mit Duldung des Arbeitgebers durchgeführt werden. Der Staat kann die Gewerkschaften nach wie vor mit einer Unzahl von Gesetzen – zum Beispiel dem Verbot «politischer Tätigkeit» – bekämpfen und Gewerkschafter willkürlich verhaften. Gleichzeitig müssen sich die Gewerkschaften registrieren lassen und sind verpflichtet, dem Staat alle von ihm verlangten Auskünfte zu erteilen.

Seit 1980 etablierten sich in rascher Folge die fortschrittlichen afrikanischen oder nichtrassischen Gewerkschaften. Diese Gewerkschaften hatten zum Teil schon während der Reformperiode oder sogar vorher im Untergrund oder in der Halblegalität bestanden. Viele dieser Gewerkschaften organisierten sich neu; änderten zum Teil ihre Namen und erweiterten ihr Organisationsgebiet. Viele Gewerkschaften schlossen sich auch zu Gewerkschaftsbünden zusammen. In der Folge geben wir einen groben Überblick:

Gemäss Angaben des Arbeitsministeriums waren Ende 1988 35 Prozent der unter das Arbeitsgesetz fallenden arbeitenden Bevölkerung organisiert – 2 084 323 in registrierten und ca. 330 000 in nicht-registrierten Gewerkschaften. Dies entspricht 19,5 Prozent der aktiven Bevölkerung, nicht erfasst in dieser Zahl sind die Landarbeiter/innen (1,2 Mio.) und die Hausangestellten (geschätzt 2 Mio.), welche nicht unter das Arbeitsgesetz fallen und sich gewerkschaftlich nicht organisieren dürfen. In den Homelands ist gewerkschaftliche Organisation verboten. Ausnahmen bestehen in KwaZulu und Bophuthatswana, wo sie unter erschwerten Bedingungen möglich ist. In der Ciskei sind Gewerkschaften nicht ausdrücklich verboten, jedoch werden ihre Mitglieder verfolgt.

Ende 1987 gab es 205 Gewerkschaften, die zum Teil in 10 Gewerkschaftsbünden zusammengeschlossen sind. Die keinem Gewerkschaftsbund angeschlossenen Einzelgewerkschaften organisieren schätzungsweise 300 000 Mitglieder.

Die wichtigsten Gewerkschaftsbünde und ihre angeschlossenen
Gewerkschaften

COSATU (Congress of South African Trade Unions)

Hauptsitz: 6th Floor, National Acceptances House, Cnr Rissik &
Anderson Streets, Johannesburg 2000. Tel.: 011/4921440 bis
1445, Fax: 8346528
Nationaler Vorstand (Wahl Juli 1989): Präsident Elijah Barayi,
1. Vizepräsident: Chris Dlamini, 2. Vizepräsident: John Go-
momo, Generalsekretär: Jay Naidoo, stellvertretender Generalsekretär: Sydney Mufamadi, Schatzmeister: Ronald Mofokeng.

COSATU ist keiner Internationale der Gewerkschaftsbünde angeschlossen, will aber die Kontakte zu internationalen und insbesondere zu anderen nationalen Gewerkschaftsbünden verbessern.
COSATU wurde am 1. Dezember 1985 mit damals 450000 Mitgliedern in 33 Gewerkschaften gegründet und umfasste Juli 1989
921499 zahlende Mitglieder in 15 Gewerkschaften. Den Grün-
dungsstock am Kongress bildeten: der Gewerkschaftsbund FO-
SATU (Federation of South African Trade Unions), welcher sich
nach Zulassung der unabhängigen Gewerkschaften 1979 gebildet
hatte; die NUM (National Union of Mineworkers), welche ursprünglich Mitglied des Gewerkschaftsbundes CUSA (Council of
Unions of South Africa) gewesen war; Gewerkschaften, welche
der Bürgerrechtsbewegung UDF (United Democratic Front, gebannt Februar 1988) «angeschlossen» waren.

COSATU organisiert nach nicht-rassischen Prinzipien Afrikaner,
«Farbige» und «Asiaten» und zunehmend auch Weisse. In allen
Entscheidungsgremien müssen Arbeiter in der Mehrheit sein.
Nach dem Grundatz «eine Branche – eine Gewerkschaft» wurden
Zusammenschlüsse zwischen Gewerkschaften, die die gleichen
oder ähnliche Bereiche organisieren, vorangetrieben. COSATU hat
sich am Gründungskongress dafür ausgesprochen, auch die Politik
des Landes mitzubestimmen. Der Gewerkschaftsbund, die Gewerkschaften und Einzelmitglieder sind in zahlreichen Bürger-
rechtsaktionen involviert, wie etwa im MDM (Mass Democratic
Movement), einer Fortführung der UDF. Im Februar 1988 wurde

dem COSATU verboten, zu anderen als gewerkschaftlichen Fragen Stellung zu beziehen. (Februar 1990 weitgehend aufgehoben.)

Am ordentlichen Kongress von 1987 wurde die «Freedom Charter» (Freiheitscharta, erarbeitet 1955 in der bisher repräsentativen landesweiten Versammlung der Antiapartheid-Kräfte) adoptiert. Sieben Mitgliedsverbände, unter anderem NUM und NUMSA, haben sie ebenfalls angenommen.

Zu den wichtigsten Arbeitsfeldern von COSATU gehören die Kampagne für lebenswürdigen Lohn; der Kampf gegen das im September 1988 in Kraft getretene neue Gesetz über Arbeitsbeziehungen, welches die Gewerkschaften stark einschränkt; der Kampf für die politischen Rechte für alle und die dazu gehörenden Kampagnen (Abzug der multinationalen Gesellschaften aus Südafrika in Zusammenarbeit mit den betroffenen Gewerkschaften, Sanktionen, Boykotte, nationale Arbeitsniederlegungen).

Mitglieder des COSATU:

CAWU (Construction and Allied Workers' Union), 21000 Mitglieder, gegründet 1987, übernahm auch Arbeiter der Bau- und Baumaterialienbranche, die vorher in anderen Gewerkschaften (z. B. TGWU) organisiert waren.

Hauptsitz: 68, von Wielligh Street, Manchester House, 6th Floor, Johannesburg 2001. Tel.: 011/294072 oder 293707.

CAWU ist in Verhandlung mit zwei unabhängigen Gewerkschaften, welche sich anschliessen möchten.

CWIU (Chemical Workers' Industrial Union), 35151 Mitglieder, organisiert in der chemischen und petrochemischen Industrie.

Hauptsitz: 5, Eaton Road, Congella, Durban 4001. Tel.: 031/259510.

CWIU hat die multinationalen Unternehmen in Südafrika aufgefordert – und dies zum Teil gerichtlich durchgesetzt –, dass ausländische Unternehmen die Bedingungen vor Abzug ihrer Investitionen mit der Gewerkschaft aushandeln (einjährige Vorankündigung, ein Jahr garantierter Lohn nach Abzug, Pensionsgelderrückerstattung u. a.).

FAWU (Food and Allied Workers' Union), 77507 Mitglieder, organisiert in der Nahrungsmittel-, Getränke-, Tabak- und Landwirtschaftsindustrie.

Hauptsitz: 355 Albert Road, Woodstock 7935, Tel.: 021/ 471034.

FAWU ist ein Zusammenschluss verschiedener Gewerkschaften. Die Organisierung von Landarbeiter/innen ist verboten und bisher auch schlecht gelungen (abgelegene Gebiete, bewachte Farmen, zum Teil sklavenähnliche Verhältnisse). Es wird die Bildung einer eigenen Landarbeiter/innen-Gewerkschaft erwogen.

NEHAWU (National Education, Health and Allied Workers' Union), 14295 Mitglieder, organisiert im Erziehungs- und Gesundheitswesen.

Hauptsitz: 502 Queens Court, 3 Klein Street, Johannesburg 2001, Tel.: 011/299665 oder 299513.

Es gibt ein «Public Sector Forum», einen losen Zusammenschluss der öffentlichen Bediensteten innerhalb von COSATU (NEHAWU, POTWA, SAMWU und SARWHU). Das Public Sector Forum bekämpft schwerpunktmässig die vorgesehene Privatisierung der öffentlichen Dienste.

NUM (National Union of Mineworkers'), 212000 Mitglieder, organisiert Minenarbeiter.

Hauptsitz: National Acceptances House, 4th Floor, Corner Rissik & Anderson Streets, Johannesburg 2001, Tel.: 011/8337013 bis 9.

NUM wurde 1982 gegründet. Sie ist trotz Massenentlassungen nach dem Streik von August/September 1987 die grösste Gewerkschaft Südafrikas. (Die Organisierung von schwarzen Wanderarbeitern war sehr lange verboten.)

NUMSA (National Union of Metalworkers of South Africa), 188013 Mitglieder, organisiert Metall-, Automobil- und Maschinenbauarbeiter/innen.

Hauptsitz: National Acceptances House, 3rd Floor, Corner Rissik & Anderson Streets, Johannesburg 2001, Tel.: 011/8322030 bis 9.

NUMSA entstand aus dem Zusammenschluss von acht Gewerkschaften im Mai 1987, darunter MAWU (Metal and Allied Workers' Union), welche seit 1973 existierte.

NUMSA ist zusammen mit NACTU-Metallarbeiter-Gewerkschaften Mitglied des Internationalen Metallarbeiterbundes. Sie kämpfen gemeinsam dafür, dass die westdeutschen multinationalen Unternehmen die IG-Metall-Richtlinien unterzeichnen und einhalten. Dies käme einer Missachtung des neuen Gesetzes über Arbeitsbeziehungen gleich.

NUWCC (National Unemployed Workers' Coordinating Committee), ist keine Gewerkschaft im traditionellen Sinn, sondern berät und organisiert Arbeitslose und hat Beobachterstatus in COSATU.

Darragh House, 2nd Floor, 13 Wanderers Street, Johannesburg 2001, Tel.: 011/299069.

In Südafrika waren Ende 1989 schätzungsweise 6 bis 9 Millionen Menschen arbeitslos. Für bestreikte Unternehmen ist es relativ leicht, Arbeitslose als Streikbrecher für Hilfsarbeiten einzusetzen. Dies war einer der Gründe zur Schaffung von NUWCC. Es werden auch Projekte für die Schaffung von Genossenschaften angegangen.

POTWA (Post Office and Tele-Communications Workers' Association), 16842 Mitglieder, organisiert Post- und Telekommunikationsarbeiter/innen.

Hauptsitz: Darragh House, 1st Floor, 13 Wanderers Street, Johannesburg 2001, Tel.: 011/234351.

Gegründet 1986, wurde sie 1988 COSATU-Mitglied.

PPWAWU (Printing, Paper, Wood and Allied Workers' Union), 31215 Mitglieder, organisiert in der Druck-, Holz-, Papier- und Möbelindustrie.

Hauptsitz: Fillan Building, 2nd Floor, 33 Becker Street, Johannesburg 2000, Tel.: 011/8344661 bis 4.

PPWAWU versucht, auch Landarbeiter im Forstwesen zu organisieren.

SACCAWU (South African Commercial Catering and Allied Workers' Union), 80000 Mitglieder, organisiert im Detailhandel, in Banken, Hotels, Restaurants.

Hauptsitz: 8, Wanderers Street, Park Chambers, 7th Floor, Johannesburg 2001. Tel.: 011/236483 bis 6488 oder 236800.

SACCAWU, Ende 1989 gegründet, Nachfolgerin von CCAWUSA, in welcher wegen der Freiheitscharta und andern internen Machtkämpfen grosse Auseinandersetzungen stattgefunden hatten. Die Lancierung von SACCAWU ist Ausdruck der Beilegung dieser Differenzen.

SACTWU (South African Clothing and Textile Workers' Union), 185461 Mitglieder, organisiert Arbeiter/innen der Textilbranche (Spinnereien, Webereien, Stoffe, Kleiderfabrikation).
Hauptsitz: Amalfa House, 1st Floor, 68 Blake Road, Durban 4001, Tel.: 031/3014923 bis 7.

SACTWU ist ein Zusammenschluss von September 1989 der beiden Gewerkschaften ACTWUSA (Amalgameted Clothing and Textile Workers' Union), bereits Mitglied von COSATU, und GAWU (Garment and Allied Workers' Union). GAWU seinerseits war ein Zusammenschluss verschiedener seit langem bestehender Gewerkschaften mit grosser Kampftradition. Durch diese Fusion ist der Anteil der Frauen und Inder/innen im Gewerkschaftsbund bedeutend gewachsen.

SADWU (South African Domestic Workers' Union), 14525 Mitglieder, organisiert vornehmlich Frauen in Privathaushalten, Putzfrauen und Gartenarbeiter/innen.
Hauptsitz: Community House, 41/43 Salt River Road, Salt River 7925, Tel.: 021/479621, 475145 und 6.

SADWU wurde 1986 lanciert. Sieben von zehn weissen Haushalten können sich in Südafrika eine oder mehrere Hausangestellte leisten. Hausangestellte unterstehen nicht dem Arbeitsgesetz. Ihre langen Arbeitszeiten sind von der Arbeitgeberin abhängig, so dass es schwierig ist, Hausangestellte zu organisieren. Zudem sind die Löhne so niedrig, dass selbst der reduzierte Monatsmitgliederbeitrag ein Opfer darstellt. Viele Frauen suchen Beratung bei SADWU, verstehen sich jedoch nicht als Mitglieder der Gewerkschaft.

SAMWU (South African Municipal Workers' Union), 23638 Mitglieder, organisiert Gemeindearbeiter/innen.

Hauptsitz: Trade Union House, 8 Beverly Street, Athlone 7764, Tel.: 021/637 81 40.

SARHWU (South African Railway and Harbour Workers' Union), 16 400 Mitglieder, organisiert Eisenbahn- und Hafenarbeiter.

Hauptsitz: Metropolitan Building, 2nd Floor, 16 President Street (Corner Becker), Johannesburg 2000, Tel.: 011/34 32 51 bis 3.

SARHWU ist als Zusammenschluss verschiedener Gewerkschaften 1987 entstanden. Es bestehen Anstrengungen, dass sich die 43 000 ehemaligen Mitglieder der Ende 1988 aufgelösten Gewerkschaft NUR (National Union of Railwayworkers) der SARHWU anschliessen könnten.

TGWU (Transport and General Workers' Union), 23 182 Mitglieder, organisiert Buschauffeure, Sicherheitsarbeiter (Securitas-ähnlich), Putzpersonal.

Hauptsitz: Queens Court, 3rd Floor, Corner Bree & Klein Streets, Johannesburg 2001, Tel.: 011/29 49 13.

Gemäss der COSATU-Devise «eine Branche – eine Gewerkschaft» musste TGWU viele Mitglieder aus der Baubranche an die 1987 gegründete CAWU abgeben.

Im Oktober 1990 soll neu gegründet werden:

SADTU (South African Democratic Teachers' Union). 150 000 zahlende Mitglieder. Organisiert Lehrer/innen.

Dieser Zusammenschluss von zwölf verschiedenen Gewerkschaften geht auf eine Initiative von COSATU zurück. Es ist daher wahrscheinlich, dass die SADTU sich dem COSATU-Gewerkschaftsbund anschliessen wird.

Die Gründung von SADTU bringt zwei Besonderheiten: 1. Sie wäre die erste Gewerkschaft, welche vorwiegend aus gelernten Fachkräften besteht. 2. Weil das Erziehungswesen nach rassischen Kriterien organisiert ist, war das Lehrerpersonal in verschiedenen ethnischen Gruppen organisiert. Der Zusammenschluss wird diese verschiedenen Gruppen zusammenführen.

NACTU (National Council of Trade Unions)

Hautpsitz: 7th Floor, Lekton House, 5 Wanderers Street, Johannesburg 2001. Tel.: 011/298031.

Nationaler Vorstand (Wahl August 1988): Präsident: James Mndaweni, Vize-Präsidentin: Patricia De Lille, Generalsekretär: Piroshaw Gamay, 1. stellvertretender Generalsekretär: Cunningham Ngcukana, 2. stellvertretender Generalsekretär: Mahlomola Skhosana. Im Dezember 1989 trat Generalsekretär Piroshaw Gamay mit sofortiger Wirkung zurück. Sein Rücktritt steht im Zusammenhang mit dem Entscheid des NACTU-Vorstandes, in letzter Minute die Teilnahme an einer Konferenz für die demokratische Zukunft Südafrikas abzusagen. Siehe dazu auch unter BAMCWU.

NACTU ist eine Fusion von zwei Gewerkschaftsbünden und wurde am 4. Oktober 1986 lanciert: CUSA (Council of Unions of South Africa, gegründet 1980) und AZACTU (Azanian Confederation of Trade Unions, gegründet 1984). CUSA war Mitglied des Internationalen Bundes Freier Gewerkschaften IBFG. NACTU gehört keiner Internationale der Gewerkschaftsbünde mehr an, pflegt aber wie COSATU die internationalen Beziehungen.

Bei der Gründung teilte NACTU mit, er umfasse 18 Gewerkschaften mit insgesamt 420156 eingetragenen und 248010 zahlenden Mitgliedern. Anlässlich des jährlichen NACTU-Kongresses im August 1988 wurde eine Mitgliedschaft von unter 150000 zahlenden Mitgliedern in 24 angeschlossenen Gewerkschaften festgestellt.

Der Gründung von COSATU waren intensive Gespräche zur Bildung eines grossen nicht-rassischen Gewerkschaftsbundes vorangegangen. Einige Monate vorher zog sich der Gewerkschaftsbund CUSA aus den Gesprächen zurück, weil er mit der nicht-rassischen Ausrichtung des zu gründenden Gewerkschaftsbundes nicht einverstanden war. AZACTU wurde aus den gleichen Gründen von den Gesprächen ausgeschlossen. Dieser Grundsatz, keine weissen Mitglieder aufzunehmen und keine Weissen in leitenden Gremien zu haben, also die Führung durch die schwarzen Arbeiter (black working class leadership), wurde am Kongress im August 1988 fallengelassen.

Gleichzeitig wurden die Grundsätze aufgenommen, dass ⅔ der Delegationen in allen Strukturen aus Arbeitern bestehen müssen und dass sich die angeschlossenen Einzelgewerkschaften in Branchengewerkschaften zusammenschliessen sollen. Auch zu andern Fragen scheint vermehrt Einheit innerhalb des Gewerkschaftsbundes angestrebt zu werden: So wurde am erwähnten Kongress eine Gewerkschaft der Hausangestellten aus dem Gewerkschaftsbund ausgeschlossen, deren Verantwortliche in den USA gegen Sanktionen plädiert hatten.

NACTU bekräftigte am gleichen Kongress seine Unabhängigkeit und seinen Nichtanschluss an politische Organisationen. Es besteht eine grosse Affinität zur Black Consciousness-Tradition (Bewegung des schwarzen Bewusstseins).

Das neue Gesetz über Arbeitsbeziehungen wird auch von NACTU bekämpft. Nach anfänglichem Zögern war NACTU ab Mitte '89 bereit, zusammen mit COSATU gemeinsame Strategien zu entwickeln und gemeinsame Aktionen durchzuführen.

Die bekannteren NACTU-Gewerkschaften:

BAMCWU (Black Allied Mining and Construction Workers' Union), 3100 eingetragene Mitglieder, organisiert im Bergbausektor, vor allem bekannt geworden durch ihre nationale Kampagne gegen Asbestabbau.

Hauptsitz: Abbey House, 2nd Floor, 51 Commissioner Street, Johannesburg 2000. Tel.: 011/834 62 17 und 834 62 10.

BAMCWU gehörte zu den Gewerkschaften, welche entgegen eines Vorstandsbeschlusses von NACTU am nationalen Treffen der Arbeiterbewegung (workers summit) vom März 1989 teilnahm. An diesem Treffen wurde unter anderem über eine Annäherung der verschiedenen Gewerkschaftsbünde diskutiert.

BAMCWU nahm auch an der vom Mass Democratic Movement einberufenen nationalen Konferenz von Dezember 1989 für eine demokratische Zukunft Südafrikas teil, dies entgegen einem Rückzieher des NACTU-Vorstandes im letzten Moment.

BCAWU (Building Construction and Allied Workers' Union), 22000 eingetragene Mitglieder, organisiert in der Baubranche.

Hauptsitz: Lekton House, 5th Floor, 5 Wanderers Street, Johannesburg 2001. Tel.: 011/236311 bis 3.

FBWU (Food and Beverage Workers' Union), 18000 eingetragene Mitglieder, organisiert im Nahrungsmittel- und Getränkesektor.

Hauptsitz: Lekton House, 4th Floor, 5 Wanderers Street, Johannesburg 2001. Tel.: 011/299527.

MEWUSA (Metal & Electrical Workers' Union of South Africa), 69000 zahlende Mitglieder, im Mai 1989 aus vier Gewerkschaften fusioniert, organisiert Arbeiter/innen im Metall-, Automobil- und Maschinenbausektor.

Hauptsitz: P.O.Box 3669, Johannesburg 2000. 4th Floor, Trades' Hall West «Vulcan» House, 88, Anderson Street, Johannesburg 2001. Tel.: 011/8369051 oder 52, 011/8342832.

MWASA (Media Workers' Association of South Africa), keine Mitgliederangabe, organisiert Medienschaffende.

Hauptsitz: Lekton House, 3rd Floor, 5 Wanderers Street, Johannesburg 2001. Tel.: 011/295490.

MWASA ist eine kleine und einflussreiche Gewerkschaft, welche sich 1988 NACTU angeschlossen hat. MWASA hat lange eine Zusammenarbeit mit COSATU gegen das neue Gesetz über Arbeitsbeziehungen bekämpft.

NUF (National Union of Farmworkers), 1200 Mitglieder, gegründet März 1988, organisiert Landarbeiter/innen.

Hauptsitz: Lekton House, 7th Floor, 5 Wanderers Street, Johannesburg 2001. Tel.: 011/233054.

NUF ist eine spezifische Gewerkschaft für Landarbeiter/innen und ist in dieser Branche die grösste und erfolgreichste von verschiedenen nationalen und regionalen Gewerkschaften.

SACWU (South African Chemial Workers' Union), 30000 eingetragene Mitglieder, organisiert in der chemischen und petrochemischen Industrie.

Hauptsitz: Lekton House, 8th Floor, 5 Wanderers Street, Johannesburg 2001. Tel.: 011/298968 oder 298920.

Auch SACWU war gegen eine Zusammenarbeit beim Kampf gegen das neue Arbeitsgesetz.

Die restlichen NACTU-Gewerkschaften aus allen Branchen haben je einige hundert bis tausend Mitglieder.

Es gibt zahlreiche Einzelgewerkschaften, die keinem Gewerkschaftsbund angeschlossen sind. In ihnen sind weitere ca. 300000 Frauen und Männer organisiert.

Weitere Gewerkschaftsbünde, die Sonderinteressen vertreten

SACOL, auch **SACLA** genannt (South African Confederation of Labour) umfasst ausschliesslich weisse Gewerkschaften mit insgesamt wahrscheinlich 100000 Mitgliedern und leidet unter Mitgliederschwund: SACOL musste 1986 seine Statuten ändern, welche eine Selbstauflösung vorsahen, wenn die Mitgliederzahl unter 100000 absinken sollte.

SACOL hat das neue Arbeitsgesetz begrüsst und verteidigt seit Jahrzehnten die Privilegien der weissen Arbeitnehmer/innen. Dessen Verbände haben meist nur gestreikt und protestiert und sind sogar gerichtlich vorgegangen, wenn es darum ging, den Aufstieg von Schwarzen in «ihre» Berufe (job reservation) zu verhindern.

UWUSA (United Workers' Union of South Africa) wurde 1986 von Gatsha Buthelezi, dem Regierungschef von KwaZulu und Inkatha-Führer, und von schwarzen Geschäftsleuten aus Natal lanciert und 1987 formell eingetragen. Obwohl ein «Gewerkschaftsbund», gibt es keine angeschlossenen Gewerkschaften.

Nach eigenen Angaben hate UWUSA 1988 60000 eingetragene Mitglieder und Verträge mit 50 Firmen in Natal und 20 Firmen in Transvaal. Das bestreiten COSATU-Vertrauensleute.

UWUSA-Anhänger werden von den Betrieben gefördert, weil sie die Arbeiternehmer/innen-Interessen nicht vertreten. Sie finden deshalb bei den Arbeiter/innen auch wenig Anklang, auch wenn sie – wie auch schon vorgekommen – unter Waffengewalt und unter Aufbietung von Schlägertrupps die Abstimmungen über die Repräsentativität der Gewerkschaften in den Betrieben zu ihren Gunsten zu erzwingen versuchen.

Gewerkschaftsbünde, die früher in Südafrika eine Rolle spielten:

SACTU (South African Council of Trade Unions), Kontakt in Grossbritannien: Zola Zembe, Koordinator für Westeuropa, 8, Flowers Mews, Off Archway Close, Upper Holloway, London N 193 TB, Tel.: 2813233.

Aufgrund gemeinsamer Gespräche zwischen COSATU und SACTU beschloss SACTU Anfang 1990 seine Auflösung und teilweise Integration von Veranwortlichen in COSATU, nach dem Motto «Ein Land – ein Gewerkschaftsbund». Der nationale Vorstand von SACTU reiste im April 1990 nach Südafrika zurück.

Es gab vor der Gründung des nicht-rassischen Gewerkschaftsbundes SACTU im Jahre 1955 zahlreiche Versuche der Schwarzen, sich zu organisieren und für ihre Rechte zu kämpfen.

SACTU begann mit 12 Gewerkschaften und hatte bereits nach sechs Jahren 46 angeschlossene Gewerkschaften mit über 53000 Mitgliedern, führte zahlreiche Kampagnen durch, unter anderem für einen menschenwürdigen Lohn, beteiligte sich an Boykotten und war an der Ausarbeitung der Freiheitscharta beteiligt. SACTU war mit dem ANC (African National Congress) in der Kongress-Alianz verbündet, und nach dessen Verbot wurden die SACTU-Führer/innen verfolgt. Obwohl der Gewerkschaftsbund nie offiziell verboten, wurde die Repression gegen SACTU so gross, dass nur noch eine Weiterarbeit im Exil möglich war.

TUCSA (Trade Union Council of South Africa), einst der grösste Gewerkschaftsbund des Landes, wurde 1986 mangels Mitgliedern aufgelöst.

TUCSA organisierte weisse und «farbige» und teilweise auch afrikanische Gewerkschaften. Bis zu den Wiehahn-Reformen 1979 waren schwarze unabhängige Gewerkschaften nicht anerkannt. Sie konnten sich unter dem Dach einer von Weissen dominierten Gewerkschaft als «Parallelgewerkschaft» organisieren. Insbesondere nach der Gründung von COSATU verliessen die progressiveren Gewerkschaften den TUCSA.

Quellen

Apartheid, jährlicher Sonderbericht des Generaldirektors an das Internationale Arbeitsamt (IAA/ILO/OIT) zur Anwendung der Erklärung über die Massnahmen gegen die Apartheid in Südafrika und Namibia, herausgegeben vom Internationalen Arbeitsamt, Genf (1989, 1990 und weitere Jahrgänge).

Arbeit unter dem Apartheid-Regime, praktische Probleme und rechtliche Rahmenbedingungen der Arbeitsbeziehungen in Südafrika (Vorarbeit zu den IG-Metall-Mindeststandards für deusche Unternehmen mit Niederlassungen in Südafrika), Kittner/Körner-Dammann/Schunk, Bund-Verlag, Köln, 1988.

Arbeiter in Südafrika, ANC, Bonn, 1989.

COSATU-, NACTU- und Gewerkschaftspublikationen in Südafrika.

Die Entwicklung unabhängiger Gewerkschaften in Südafrika, DGB-Dossier zum Frauentag, Düsseldorf, 1988.

Facts and figures on South Africa, Human Awareness Programme, Johannesburg, Nov. 1987.

Learn and Teach, verschiedene Publikationen, Johannesburg, März 1989.

Sactu News-Flashes, London, verschiedene Ausgaben.

South African Labour Bulletin (SALB), Johannesburg, verschiedene Ausgaben.

Work in Progress, herausgegeben vom Southern African Research Service, Johannesburg, verschiedene Ausgaben.

Verschiedene südafrikanische Tages- und Wochenzeitungen wie «Star», «Financial Mail», «Sowetan», «New Nation» und insbesondere «The Weekly Mail» in Johannesburg.

Zeugenaussagen von Gewerkschaftsführer/innen und Vertrauensleuten in Südafrika.

Die Rolle der Gewerkschaften
MARKUS MUGGLIN

Südafrika ist wirtschaftlich das stärkste Land Afrikas. Es verfügt über bedeutende Rohstoffe und nimmt im Handel bei vielen Metallen und Mineralien eine führende Stellung auf dem Weltmarkt ein. Seine Industrie weist einen technologischen Stand auf wie nirgendwo in Afrika. Mit einem Pro-Kopf-Einkommen von gegen 2000 Dollar im Jahr zählt es zu den fortgeschritteneren Entwicklungsländern. Von seiner Struktur hat das Land ein sogenanntes «Erste-Welt-Profil»: Die Landwirtschaft trägt lediglich 5 Prozent zum nationalen Sozialprodukt bei, der Bergbau 14 Prozent, die Industrie und das Bauwesen 27 Prozent und der Dienstleistungssektor 54 Prozent.

Diese Daten verschleiern indessen die grosse Kluft zwischen den verschiedenen Bevölkerungsschichten bzw. den verschiedenen Rassengruppen. Denn die Schwarzen, die fast drei Viertel der gesamten Bevölkerung von gegen 35 Millionen stellen, verfügen über nur zwischen 20 und 25 Prozent des gesamten nationalen Einkommens. Die Weissen mit einem Anteil von knapp 15 Prozent an der Bevölkerung besitzen hingegen über fast zwei Drittel des Volkseinkommens. Auf die «Farbigen» und Inder mit Bevölkerungsanteilen von knapp 9 bzw. knapp 3 Prozent entfallen 7 bzw. 3 Prozent. Ungleich verteilt sind auch die für Bildung und soziale Aufgaben verwendeten Mittel. 1988/89 hat Südafrika noch immer viermal mehr für die Ausbildung eines/r Weissen als für eine/n Schwarze/n ausgegeben. Auch die Gesundheit eines/r Weissen ist dem Apartheid-Staat viermal so viel wert wie die eines/r Schwarzen.

Südafrika weist trotz relativem Reichtum Merkmale auf, wie sie für arme Länder typisch sind. Bereits zu Beginn der 80er Jahre musste sich die Hälfte der Bevölkerung mit weniger als dem Existenzminimum durchbringen. Bei der schwarzen Bevölkerung sind es 60 Prozent und in den Homelands gar über 80 Prozent. In den ländlichen Gebieten leidet mehr als die Hälfte der Bevölkerung an chronischer Unterernährung – vergleichsweise mehr als in den Nachbarstaaten Botswana, Zimbabwe und Swaziland. Die Arbeitslosigkeit, von der vor allem Schwarze betroffen sind, beträgt selbst nach offiziellen Angaben über 20 Prozent. Effektiv liegt sie indessen weit höher und nimmt von Jahr zu Jahr weiter zu. Die Strukturen der Armut sind zusätzlich durch das System der Rassentrennung abgestützt. Dabei spielen die sogenannten Homelands eine zentrale Rolle. Es sind kleine, meist zerstückelte und vom «weissen» Südafrika umgebene Gebiete. Sie sollten nach den Plänen der Apartheid-Strategen den Abschluss der Rassentrennung bilden. Dann, so deren Vorstellung, würden nur noch einrassische Staaten bestehen – das weisse Südafrika und die verschiedenen, nach sprachlich-ethnischen Gesichtspunkten gebildeten «schwarzen» Staaten.

Doch die «weisse» Wirtschaft wollte nie auf die billigen schwarzen Arbeitskräfte verzichten, also auch nicht auf die Wanderarbeiter aus den Homelands. Bei der guten Konjunktur in den 60er und 70er Jahren kamen erst recht immer mehr Schwarze in die weissen Städte. Sie entflohen den Homelands, die ihnen keine sichere Existenz bieten konnten. Diese Gebiete verfügten zwar früher über ein gewisses landwirtschaftliches Potential. Doch das – auch durch Zwangsaussiedlungen aus dem «weissen» Südafrika hervorgerufene – Bevölkerungswachstum hätte eine Modernisierung der Landwirtschaft erfordert, um die Menschen ernähren zu können. Südafrika subventionierte aber nur die Landwirtschaft der Weissen, nicht die der Schwarzen. Der Apartheid-Staat hätte sich sonst seines eigenen Arbeitskräftereservoirs beraubt. Denn würden die Homelands ein genügendes Auskommen bieten, sähen sich die Menschen weniger gedrängt, auswärts Arbeit zu suchen.

Rassentrennung, tiefe soziale Gegensätze und ein gewaltig ausgebauter Repressionsapparat zu deren Absicherung kennzeichnen seit langem die Lage in Südafrika. Doch obschon die Grundfesten der Apartheid bis heute unangetastet blieben, hat sich die südafrikanische Gesellschaft in den letzten 20 Jahren stark verändert. Die wirtschaftliche Entwicklung hat neue Strukturen und damit neue Widersprüche geschaffen.

Die Industrie und die Dienstleistungsunternehmen expandierten und erneuerten sich. Ihr Bedarf nach Fachkräften stieg stark an, konnte aber immer weniger mit weissem Personal, dem solche Stellen gesetzlich vorbehalten waren, gedeckt werden. Also versuchte die Wirtschaft schwarze Fachkräfte einzustellen, die wegen der lange Zeit für die Weissen geltende Arbeitsplatzreservation aber nicht in genügender Zahl zu finden waren. Mit der technologischen Erneuerung ist die Wirtschaft aber auch weniger am System der Wanderarbeit interessiert. Dieses bietet Vorteile, solange in erster Linie unqualifizierte Tätigkeiten zu erledigen sind, wofür die Leute von einem Tag auf den anderen ausgewechselt werden können. Schliesslich rekrutierte der in Südafrika äusserst wichtige Bergbau aus politischen Gründen seine Arbeitskräfte weniger in den benachbarten Staaten des südlichen Afrika, sondern vermehrt auf dem einheimischen Arbeitsmarkt.

Diese Entwicklungen haben die Position der Schwarzen auf dem Arbeitsmarkt deutlich gestärkt. Zwar sind Arbeitslosigkeit und Unterbeschäftigung nach wie vor äusserst hoch und nehmen weiter zu. Doch die Wirtschaft kommt immer weniger ohne die Schwarzen aus. Insbesondere Berufsleute umwirbt sie. Deshalb kann sie mit ihren Arbeitskräften nicht mehr so umspringen, wie es sich die Apartheid-Strategen ausgedacht hatten.

Die neue Situation blieb nicht ohne Folgen, zum Beispiel in der Lohnentwicklung: Zwar liegen die Realeinkommen der Weissen noch immer deutlich über jenen der Schwarzen, die vielfach nur knapp über dem staatlich festgesetzten Existenzminimum (MLL) liegen. Doch die Löhne der Schwarzen sind in den letzten zehn Jahren schneller gestiegen als die der Weissen.

Die schwarzen Arbeiterinnen und Arbeiter wurden sich in den 70er Jahren ihrer neuen Position bewusst. 1973 kam es zu zahlreichen Streiks, obschon sie eigentlich verboten waren. Eine schwarze Gewerkschaftsbewegung begann sich zu etablieren. 1979 zeigte sich die Regierung zu Konzessionen bereit: Sie liess schwarze Gewerkschaften zu und weitete das Streikrecht aus.

Die neue wirtschaftliche Situation, aber auch der wachsende internationale Druck nach den Soweto-Unruhen im Jahre 1976, liessen es für die südafrikanische Regierung nicht ratsam erscheinen, die Gewerkschaften wie schon in den 60er Jahren erneut zu zerschlagen. Es war die Zeit, da man sich in Südafrika ein neues politisches Konzept zurechtgelegt hatte, die sogenannte totale Strategie. Aussenpolitisch richtet sie sich an die «Frontstaaten» im südlichen Afrika, denen Kooperationsangebote gemacht werden, zugleich aber die wirtschaftliche und militärische Vorherrschaft in der Region vordemonstriert wird. Innenpolitisch soll das Apartheid-System reformiert und im Sinne wirtschaftlicher Logik modernisiert werden. Oppositionsbewegungen, welche jegliche Zusammenarbeit mit den Apartheid-Institutionen verweigern, trifft nach wie vor harte Repression. Doch jene, die ihnen keine radikale Absage erteilen, können gewisse Rechte und Vorteile beanspruchen. Die Apartheid-Reformer versuchen sie im Rahmen einer «Mittelklassenstrategie» zu privilegieren und ins System einzubinden.

Die Gewerkschaften bilden eine wichtige Zielgruppe in diesem Konzept. Die ihnen angehörenden städtischen Schwarzen sollen in den Genuss neuer Rechte und eines höheren Lebensstandards kommen und damit eine Art Puffer zwischen den Weissen und den vollständig diskriminierten Schwarzen in den ländlichen Gebieten und den Wanderarbeitern werden.

Die Regierung hatte Ende der 70er Jahre die Riekert- und die Wiehahn-Kommission bestellt, die Reformvorschläge für die Industriebeziehungen und die Zuzugskontrolle unterbreiten sollten. Die erstgenannte, benannt nach einem Wirtschaftsberater des früheren Präsidenten Vorster, hat vorgeschlagen, dass die in «weissen» Städten lebenden und arbeitenden Schwarzen das Daueraufenthaltsrecht erhalten, in den «weissen» Gebieten Freizügigkeit geniessen, Pacht- und Mietverträge bis zu 99 Jahren abschliessen können usw. Etwa 2,5 von insgesamt rund 4,5 Millionen Schwarze in weissen Gebieten sollten davon profitieren, also nur eine kleine Minderheit aller Schwarzen Südafrikas. Die Wiehahn-Kommission, benannt nach einem südafrikanischen Professor für Arbeitsrecht, schlug vor, schwarze Gewerkschaften zu legalisieren. Diese sollten jedoch nur anerkannt werden, sofern sie sich registrieren liessen. Die Arbeitsplatzreservation für Weisse sollte abgeschafft werden, Streiks unter bestimmten Bedingungen legal sein. Abzuschaffen wären des weitern jegliche Diskriminierung am Arbeitsplatz, und das Prinzip «gleicher Lohn für gleiche Arbeit» wäre stärker zu berücksichtigen.

Die Regierung akzeptierte die meisten Vorschläge der beiden Kommissionen. Sie hat allerdings die neuen Gewerkschaftsrechte den Pendlern und Wanderarbeitern vorerst vorenthalten und damit einen Grossteil der schwarzen Arbeiter von der Reform ausgeschlossen.

Die Reform war zwiespältig und widersprüchlich. Sie gestand den Schwarzen erstmals das Recht zu, unabhängige Organisationen zu bilden. Zugleich zielte sie aber auf eine stärkere Kontrolle und Integration der Gewerkschaften ins bestehende System der Rassentrennung. Die Stellung der städtischen Schwarzen hatte sich gebessert, doch gleichzeitig verschärfte die Regierung die Zuzugs- und Einwanderungskontrollen, um zusätzliche Schwarze von den Zentren fernzuhalten.

Die neuen Gewerkschaften haben die neue Gesetzgebung zumeist abgelehnt. Sie bezeichneten sie als unzureichend und kritisierten insbesondere die Registrierpflicht, die eine weitreichende Offenlegung der Mitglieds- und Organisationsstruktur verlangte. Die Gewerkschaften fürchteten, dass sich ihre Verwundbarkeit im Falle staatlicher Repression beträchtlich erhöhen würde. Sie kritisierten auch das Verbot, Wanderarbeiter zu organisieren und gemischtrassige Organisationen zu bilden.

Die Gewerkschaften weigerten sich deshalb, unter den von der Regierung diktierten Bedingungen mitzumachen. Sie drängten den Apartheid-Staat, das Arbeitsgesetz zu revidieren. 1981 kam es dazu. Das Verbot, Wanderarbeiter zu organisieren, hob die Regierung auf. Damit wurde auch in der Minenindustrie mit einem Wanderarbeiteranteil von bis zu 80 Prozent die gewerkschaftliche Organisierung möglich. Durch die Revision wurde des weiteren die Gründung nichtrassischer Organisationen möglich. Diesen positiven Änderungen stand eine verschärfte Registrierpflicht und damit eine bessere Kontrolle der Arbeiterorganisationen gegenüber. Die Regierung hoffte, mit der Reform die Gewerkschaften zu mässigen und zu disziplinieren, was ihr jedoch nicht gelang.

Die Gewerkschaften haben sich vielmehr weiter radikalisiert. Immer häufiger haben sie zu Streiks aufgerufen, an denen sich eine wachsene Zahl von Arbeitern beteiligt hat. Mit Ausnahme von 1983, als die südafrikanische Wirtschaft in eine Rezession geraten war und die Gewerkschaften in finanziellen Schwierigkeiten waren, nahmen sowohl die Streiks, die daran beteiligten Arbeiter und die dadurch verlorenen Arbeitstage bis 1987 stets zu (vgl. Tabelle). Selbst die in dieser Zeit weiter gestiegene Arbeitslosigkeit

konnte die Kampfbereitschaft der Gewerkschaften nicht schwächen.

Streiks und Arbeitsniederlegungen, 1978–1988

Jahr	Zahl der Streiks und Arbeits- niederlegungen*	Zahl der beteiligten Arbeitnehmer	Zahl der verlorenen Arbeitstage	Gesamter Lohnausfall (Rand)
1978	106	14160	10558	44354
1979	101	22803	67099	20250
1980	207	61785	174614	1401516
1981	342	92842	226554	2263705
1982	394	141571	365337	4544362
1983	336	64469	124596	1697610
1984	469	181942	379712	5174798
1985	389	239816	678273	8184985
1986	793	424340	1308958	23166278
1987	1148	591421	5825231	14058102
1988	1025	161679	914388	23879287

* Ohne politische Streiks
Quelle: Südafrikanisches Institut für Rassenbeziehungen,
Race Relations Survey 1988/89, Johannesburg 1989

1988 gingen die Streikaktionen deutlich zurück. Darauf folgte
1989 wieder eine Zunahme, obwohl weitere Revisionen des Arbeitsgesetzes es den Gewerkschaften erschwerten, Streiks durchzuführen. In den Jahren 1988 und 1989 hat Südafrika zudem die
bislang grössten nationalen Generalstreiks erlebt, die sich gegen
arbeitsrechtliche Verschlechterungen und gegen die Wahlen des
«weissen» Südafrika gerichtet hatten. Beide Male blieben gegen
drei Millionen Arbeiter und Studenten der Arbeit fern und bewiesen, dass die Gewerkschaften trotz wachsender staatlicher Repression weiter an Kraft gewonnen haben.

Heute sind die Gewerkschaften eine wichtige Kraft im Kampf
gegen den Apartheid-Staat und die Vorherrschaft der nach wie vor
durch die weisse Minderheit kontrollierten Wirtschaft. Noch nie
waren in Südafrika so viele Arbeiterinnen und Arbeiter in derart
gut organisierten Gewerkschaften zusammengeschlossen. Hatte

ihre Mitgliederzahl zu Beginn der 70er Jahre einen Tiefpunkt mit etwa 20 000 schwarzen Arbeitern erreicht, so lag sie 1975 bei ca. 66 000 und Ende der 70er Jahre bei rund 85 000. In den 80er Jahren ist die Gewerkschaftsbewegung rasch gewachsen. Nach Angaben des Südafrikanischen Instituts für Rassenbeziehungen erhöhte sich ihre Mitgliederzahl bis 1988 auf 2,1 Millionen. Damit liegt der Organisationsgrad bei immerhin etwas über 20 Prozent, nachdem er zehn Jahre früher nur etwa zwei Prozent betragen hatte. In einzelnen Industriebranchen erreicht er stolze 80 Prozent oder gar mehr, im gesamten Bergbau auch noch über 60 Prozent. In der Landwirtschaft, bei den Angestellten in Privathaushalten, in der öffentlichen Verwaltung und in den meisten Homelands ist die gewerkschaftliche Organisierung hingegen nach wie vor verboten oder wird zumindest stark erschwert.

Der Einfluss der Gewerkschaften wird aber im ganzen Land durch komplizierte staatliche Regelungen beschnitten. So dürfen sie erst nach einem langwierigen Verfahren zu Streiks aufrufen. Vorher müssen sie, wenn sie sich mit den Unternehmern nicht einigen können, staatliche Schlichtungsstellen anrufen. Erst nach Abschluss dieses Verfahrens und nach Ablauf einer 30tägigen Frist dürfen sie nach einer Urabstimmung streiken. Dieses bürokratische System führt allerdings dazu, dass oft illegal gestreikt wird. Umso grössere Risiken müssen die streikenden Arbeiter eingehen, drohen ihnen doch in diesen Fällen Geld- und Gefängnisstrafen oder die fristlose Entlassung.

In den Streik treten die Belegschaften meist für höhere Löhne. Oft geht es auch um bessere Arbeitsbedingungen und gegen Disziplinierungsmassnahmen in den Betrieben. Zu Beginn der 80er Jahre mussten die Arbeiter zudem oft in den Ausstand treten, um die Anerkennung ihrer Gewerkschaften durchzusetzen.

Häufig richten sich Streiks aber nicht gegen die Unternehmensleitung, als vielmehr gegen den Staat. Solcher Art begründetes Fernbleiben von der Arbeit wird als sogenanntes Stay-away bezeichnet. Mitte der 80er Jahre haben die Gewerkschaften mit dieser Kampfform vor allem gegen das rücksichtslose Vorgehen der Armee in den Townships protestiert. Wiederholt forderten sie mit Stay-aways, dass der Staat den 1. Mai und den 16. Juni als Gedenktag des Soweto-Aufstandes von 1976 zu Feiertagen erklärt. Der

1. Mai ist denn seit 1990 auch ein bezahlter Feiertag. Die grössten Stay-aways gab es in den Jahren 1988 und 1989: Im Juni 1988 protestierten 2,5 bis 3 Millionen Arbeiter und Studenten in einer dreitägigen Aktion gegen den Ausnahmezustand, die im Februar des gleichen Jahres gegen die Gewerkschaften erlassenen Restriktionen und gegen die von der Regierung angestrebte Revision des Gesetzes über Arbeitsbeziehungen (Labour Relations Amendment Act). Im September 1989 beteiligten sich rund 3 Millionen an einem Generalstreik, der sich gegen die damals durchgeführten Wahlen der Weissen und gegen die Verschärfung des Arbeitsgesetzes richtete.

Die Radikalisierung der Gewerkschaften – wie auch die breite Mobilisierung radikaler politischer Bewegungen – zeigen, dass die Modernisierung der Apartheid und die dafür entwickelte «totale Strategie» gescheitert sind. Die kleine Schicht relativ privilegierter Schwarzer liess sich nicht ins System einbinden. Sie geben sich nicht mit Reformen zufrieden, sondern verlangen das Ende der Apartheid. Als die Anti-Apartheid-Bewegung eine für das Funktionieren des Staates bedrohliche Stärke angenommen hatte, reagierte das Regime äusserst brutal. Es rief 1985 den Ausnahmezustand aus, liess Tausende verhaften, untersagte Versammlungen, verbot verschiedene Organisationen, verschärfte die Medienzensur. Gegen die Gewerkschaften ist die Regierung seither mit drei Massnahmen vorgegangen: Gegen den grössten Gewerkschaftsbund COSATU hat sie im Februar 1988 ein «Politikverbot» erlassen, d. h. dieser durfte sich fortan nur noch mit «rein gewerkschaftlichen» Belangen beschäftigen, allgemeine Protestaktionen gegen das Apartheid-System müsste er unterlassen (Februar 1990 fast gänzlich aufgehoben). Eine zweite Massnahme bezieht sich auf Spendengelder. Die Regierung änderte das Gesetz, um die für viele Gewerkschaften (die Kirchen und Hilfsorganisationen) lebensnotwendige Auslandshilfe zu erschweren. Schliesslich hat die Regierung das Arbeitsgesetz ein weiteres Mal revidiert und damit, nach Einschätzung des Gewerkschaftsbundes COSATU, «einen grundlegenden Angriff auf viele Rechte, die sich die Arbeiter in den letzten zehn Jahren erkämpft haben», lanciert. Denn das neue Gesetz erschwert es den Gewerkschaften, legal zu streiken. Jede Art von Sympathie- oder Solidaritätsstreiks ist jetzt verboten. Das

166

schon bisher komplizierte Verfahren, bis ein Streik legal durchgeführt werden kann, ist noch langwieriger geworden. Des weiteren können jetzt die Gewerkschaften für die Streikfolgen haftbar gemacht bzw. auf die Rückerstattung für Produktionsausfälle eingeklagt werden. Deshalb können Streiks die Gewerkschaften in eine ausweglose Situation bringen. Um sich nicht ausserhalb des Gesetzes zu stellen, müssten sie versuchen, die Arbeiter von illegalen Streiks abzuhalten. Tun sie das, verlieren sie aber das Vertrauen ihrer Mitglieder. Wollen sie dieses bewahren, müssten sie sich auch an die Spitze illegaler Streiks stellen. In diesem Fall gehen sie jedoch das Risiko eines finanziellen Bankrotts ein.

Die Gewerkschaften haben deshalb die Revision dieses Gesetzes mit allen möglichen Mitteln bekämpft. Aber selbst die stark befolgten Generalstreiks haben nicht verhindern können, dass die Regierung das Gesetz im Herbst 1988 in Kraft gesetzt hat.

Nur ein Jahr später wurde es jedoch erneut zur Diskussion gestellt. Der neue Präsident Frederik Willem de Klerk und die von ihm betriebene politische Öffnung haben dies ermöglicht. Es ist deshalb zu erwarten, dass die beschlossenen Verschlechterungen wieder rückgängig gemacht werden dürften. Bis im Frühjahr 1990 erging ein Vorschlag an die Regierung, den erstmals die Gewerkschaften, die Unternehmer und das zuständige staatliche Ministerium gemeinsam ausgearbeitet haben. Der Minister für Arbeitsbeziehungen will es allerdings nicht mehr im Jahre 1990 durch das Parlament behandeln lassen.

Das ist nicht das einzige hoffnungsvolle Signal für die südafrikanischen Gewerkschaften. Positiv zu werten ist auch, dass die beiden grössten Gewerkschaftsbünde COSATU und NACTU sowie einige unabhängige Gewerkschaften den Kampf gegen die Verschlechterung des Arbeitsgesetzes gemeinsam geführt haben. Sie haben zusammen die Generalstreiks und Arbeiter-Konferenzen durchgeführt und sind in den Verhandlungen mit den Unternehmern geschlossen aufgetreten. Hatten die Gewerkschaften bisher vielfach rivalisiert, so steht jetzt eindeutig die Kooperation im Vordergrund.

Die Auseinandersetzung um Verhaltenskodizes und Sanktionen

MARKUS MUGGLIN

«Wir machen keine Desinvestition», hat Fritz Leutwiler im Herbst 1985 unmissverständlich gesagt, als die Forderung nach einem Rückzug ausländischer Unternehmen aus Südafrika weltweit wachsende Unterstützung fand. Der ehemalige Nationalbankpräsident und zu dieser Zeit oberste Chef des in Südafrika mit mehreren Niederlassungen engagierten Brown Boveri-Konzerns liess keine Zweifel über seine Position in der neu entfachten Auseinandersetzung um Sanktionen: «Wir sind in Südafrika, um dort zu bleiben», sprach Leutwiler Klartext. Und was andere fast zehn Jahre früher schon als Alternative zu Sanktionen angepriesen hatten, brachte er von neuem in die Diskussion. «Die Frage ist, ob es nicht sinnvoll wäre, in Europa, unter den Unternehmungen, die in Südafrika vertreten sind, etwas Ähnliches zu schaffen wie den Sullivan-Code», spielte sich Leutwiler als Schöpfer einer scheinbar neuen Idee auf. Die europäischen Multis sollten demnach das nachholen, was der US-amerikanische Pfarrer Leon Sullivan bereits 1977 mit seinen Prinzipien für US-Firmen mit Niederlassungen in Südafrika formuliert hatte. Die Unternehmen sollten folglich ihre Beziehungen zu Südafrika nicht abbauen oder gar abbrechen, um damit den Apartheid-Staat zu isolieren. Vielmehr sollten sie sich bei ihren Geschäftsbeziehungen mit Südafrika an Grundsätzen orientieren, die auf den Abbau der Rassendiskriminierung abzielen.

Was Leutwiler als alternatives Szenario zu Sanktionen präsentiert hat, prägte bereits in den 70er Jahren die Auseinandersetzungen über die Rolle der international tätigen Unternehmen im südafrikanischen Konflikt. Und das keineswegs nur in den USA, wo 1977 der Sullivan-Code zustande kam. Auch die Staaten der Europäischen Gemeinschaft (EG) hatten im selben Jahr einen Kodex für ausländische Unternehmen in Südafrika verabschiedet. Schon damals nahm die Kritik an Südafrika und an den ausländischen Firmen in diesem Land zu. Das Apartheid-Regime hatte den Soweto-Aufstand brutal niedergeschlagen. Mehrere hundert

Tote und mehrere tausend Verletzte waren zu beklagen. Zugleich hatte der Staat die neuen oppositionellen Bewegungen verboten und damit manifestiert, dass er nicht bereit war, das System der Apartheid abzuschaffen.

Die in Südafrika investierenden Auslandsunternehmen gerieten in den Ruf, vom Apartheid-System zu profitieren und dieses zu stützen. Die in den Apartheid-Gesetzen festgeschriebene Diskriminierung der schwarzen Bevölkerung war jedenfalls äusserst profitabel. Sie drückten die Löhne, untersagten Gewerkschaften, schrieben die Rechtlosigkeit der Schwarzen fest. Grosse Gewinne waren garantiert. Die investierten Mittel konnte man schon in drei bis fünf Jahren wieder aus dem Land herausholen, wie einer internen Studie einer Schweizer Grossbank von Anfang der 80er Jahre zu entnehmen ist.

Immer stärker wurde der Druck der Weltöffentlichkeit auf die in Südafrika tätigen ausländischen Unternehmen. Der Ruf nach Disinvestment wurde laut, d. h. die Multis sollten sich aus dem Apartheid-Staat zurückziehen. Die Geschäftswelt wollte nicht mehr länger gegen diese Forderung antreten, ohne selber eine Alternative zu bieten. Verhaltensregeln boten sich als Ausweg an. Deren Ziel besteht darin, in sämtlichen Belangen der Arbeitswelt die Apartheid zu überwinden, d. h. die Diskriminierung der Schwarzen aufzuheben. Die Verhaltenskodizes würden, so wird argumentiert, die Reform und den friedlichen Wandel in Südafrika fördern, während Sanktionen die Wirtschaft – auch zum Nachteil der Schwarzen – schwächen oder gar zerstören würden.

Der Kodex der Europäischen Gemeinschaft – kurz EG-Kodex genannt – zielt darauf ab, die gewerkschaftlichen Rechte der schwarzen Arbeitnehmer zu respektieren und autonome schwarze Gewerkschaften zu anerkennen, das System der Wanderarbeiter zu überwinden, einen Lohn über dem Existenzminimum zu bezahlen, schwarzen Arbeitern zu ermöglichen, sich höhere berufliche Qualifikationen anzueignen und Vorgesetztenfunktionen zu übernehmen, freiwillige Sozialleistungen zu bezahlen und die Rassendiskriminierung am Arbeitsplatz zu beseitigen. Der Kodex verpflichtet zudem die südafrikanischen Niederlassungen multinationaler Unternehmen aus dem EG-Raum, jedes Jahr über die im Sinne des Kodex erreichten Fortschrittes zu rapportieren.

Der «Sullivan Code», der im Gegensatz zu jenem der EG auf eine private Initiative zurückgeht, will ebenfalls die Diskriminierung der Schwarzen am Arbeitsplatz beheben, z. B. über gleichen Lohn für gleiche Arbeit oder über bessere Qualifizierung der schwarzen Arbeiter. Darüber hinaus will er auch den Lebensstandard verbessern, nämlich in Bereichen wie Wohnen, Berufsverkehr, Schulen, Erholung und Gesundheit. Im Gegensatz zum EG-Dokument gibt sich der Sullivan-Code nicht damit zufrieden, die Rassendiskriminierung aufzuheben, sondern strebt «das vollständige Ende der Apartheid in Südafrika» an.

Daran liegt es denn auch, dass Südafrikas Regierung gegen den EG-Kodex nichts einzuwenden hatte, auf den Sullivan Code hingegen erbost reagierte. Sie wies ihn als Einmischung in die inneren Angelegenheiten zurück, weil er es im Unterschied zum EG-Kodex nicht nur auf die Reform der Apartheid, sondern auf deren Abschaffung abgesehen hatte.

Der EG-Kodex ordnete sich in den damals von der südafrikanischen Regierung entworfenen Reformkurs ein, der dem Land nach den Soweto-Unruhen von 1976 neue Stabilität bringen sollte. Rassendiskriminierende Gesetze, die den Schwarzen jeglichen sozialen Aufstieg verbaut hatten, wurden revidiert. Solche Änderungen drängten sich aus wirtschaftlichen Gründen auf, weil die südafrikanische Wirtschaft zunehmend unter einer Verknappung an Fachkräften litt. Deshalb hat die Regierung beispielsweise Ende der 70er Jahre das Verbot schwarzer Lehrlings- und Facharbeiterausbildung aufgehoben. Sie liess auch schwarze Gewerkschaften zu, nachdem sich diese aus eigener Kraft zu einem wesentlichen Faktor entwickelt hatten. Deren Zulassung sollte es ermöglichen, so erhoffte es sich die Regierung, sie besser zu kontrollieren und disziplinieren.

Weil sich die Kodex-Forderungen so leicht in die vom Apartheid-Staat unter dem Slogan «totale Strategie» entworfene Konzeption zur Reform und Modernisierung der Apartheid einordnen liess, begegnete die Opposition mit grossem Misstrauen den von den ausländischen Multis propagierten Postulaten. Dieses wurde noch zusätzlich genährt, weil sich die Kodex-Entwerfer nicht darum bemühten, die Meinungen der neuen Gewerkschaften einzuholen.

Das südafrikanische Unternehmertum spurte auf die Kodex-Linie ein, formulierte jedoch eigene Grundsätze: den sogenannten SACCOLA-Kodex, den das Konsultativ-Komitee für Arbeitsfragen (SACCOLA) zusammen mit der Urban-Foundation initiiert hatte. Alle SACCOLA-Mitglieder, die ca. 90 Prozent des Handels und der Industrie in Südafrika ausmachen, haben diesen Kodex gutgeheissen. Dieser lehnt sich an das EG-Papier an, ist allerdings viel unverbindlicher formuliert. Er sieht keine Instanz vor, welche die Einhaltung der Grundsätze kontrolliert.

Die in Südafrika tätigen Schweizer Multis haben laut einer von der «Wirtschaftsförderung» herausgegebenen Untersuchung von Bettina S. Hürni vorerst ausgerechnet diesen unverbindlichen SACCOLA zu ihrem Leitfaden gemacht. Sie, die sich laut einem Bericht des Internationalen Arbeitsamtes aus dem Jahre 1983, selber «zur Avantgarde der Arbeitgeber Südafrikas» (für 1990 durch ILO erneut bestätigt) zählen, und nach ihrem Selbstverständnis «alles in ihrer Macht Stehende» tun, um «günstige Beschäftigungsbedingungen zu bieten», schneiden also selbst im Vergleich zu anderen Unternehmen schlecht ab, wenn es darum geht, rassendiskriminierende Praktiken abzubauen.

Eine neuere, im Jahre 1988 veröffentlichte Studie korrigierte dieses Bild insofern etwas, als jetzt je zwei von insgesamt zwölf untersuchten schweizerischen Niederlassungen angaben, sich am EG-Kodex bzw. Sullivan-Code zu orientieren. Weitere zwei gaben an, sich an das SACCOLA-Dokument zu halten, während die übrigen sechs keinen Verhaltenskodex anerkennen.

Die Thöni-Studie (vgl. das Einführungskapitel zu diesem Buch) zeigt indes, dass die schweizerischen Multis diese reformerischen Grundsätze nur zum Teil erfüllen. Nicht alle Unternehmen haben mit Gewerkschaften Anerkennungsvereinbarungen getroffen. Jene Unternehmen, die Wanderarbeiter beschäftigen, heben erst seit neuerer Zeit, d. h. nachdem die Regierung den gesetzlichen Spielraum erweitert hat, entsprechende Benachteiligungen auf. Sie haben sich also kritiklos den Apartheid-Bestimmungen untergeordnet. Und was den Aufstieg von Schwarzen in der Betriebshierarchie betrifft, so stellt Thöni fest, dass auf «Management-Ebene noch keine schwarzen Mitarbeiter vorzufinden» sind. Und obschon laut Thöni ein Grossteil der Schweizer Firmen die von der

EG geforderten Mindestlöhne übertrifft, erreichen einige selbst diese deutlich unter den gewerkschaftlichen Lohnforderungen liegenden Werte nicht.

Mitte der 80er Jahre wurde die Forderung nach Wirtschaftssanktionen erneut zu einem umstrittenen Thema. Und wieder bildeten die Ereignisse in Südafrika den Ausgangspunkt. Die Anti-Apartheid-Opposition erreichte eine bislang nicht gekannte Mobilisierung. Unruhen breiteten sich im ganzen Land aus. Der Staat reagierte äusserst repressiv. Er setzte Truppen ein, baute den Polizeistaat weiter aus, ganz besonders die Zensur. Im Juni 1985 verhängte die Regierung über weite Teile des Landes den Ausnahmezustand. Im Frühjahr und Sommer 1986 spitzte sich die Lage weiter zu. Nachdem der Ausnahmezustand kurze Zeit aufgehoben war, wurde er für das ganze Land verfügt. Tausende wurden verhaftet, darunter viele Kinder und Jugendliche. Der Staat setzte gewaltsam seine Apartheid-Ordnung wieder durch.

Während sich Leutwiler in der Schweiz für Konzepte im Sinne des Sullivan-Code stark machte, rückte dessen Erfinder allmählich von seinem Projekt ab. Im Mai 1986 erklärte er, dass er die Grundsätze aufgeben werde, wenn sich die Lage in Südafrika nicht innerhalb eines Jahres erheblich bessere. Zugleich empfahl er den US-Firmen, «einen härteren Kurs des zivilen Ungehorsams einzuschlagen, um die Apartheid-Gesetze aktiv herauszufordern».

Nach der von Sullivan gesetzten Frist hatte sich die Lage nicht gebessert. Damit setzte sich auch die Überzeugung durch, dass Verhaltensregeln für Multis nicht dazu beitragen würden, die Apartheid abzuschaffen, sondern eher dazu dienen würden, von der Forderung nach Sanktionen und dem Rückzug aus Südafrika abzulenken. Deshalb rief Sullivan im Juni 1987 zu umfassenden wirtschaftlichen und politischen Sanktionen auf, denn «Südafrika ist eine Nation der Unterdrückung und ein Polizeistaat geworden, und Apartheid mit ihren Unmenschlichkeiten gegen die Schwarzen geht weiter». Die US-Unternehmen sollten sich innerhalb neun Monaten aus Südafrika zurückziehen und ihre Niederlassungen nur an solche Käufer abtreten, die gleiche Rechte für Schwarze, schwarze Arbeiterorganisationen und eine breite Beteiligung von Schwarzen planen. Im gleichen Jahr verstärkten in den USA Aktionärsgruppen den Druck auf ihre Unternehmen, sich aus Südafrika zurückzuziehen. Im Dezember des gleichen Jahres verabschiedete der US-Kongress ein Gesetz, das die Unternehmen dazu verpflichtete, auf den in Südafrika erzielten Gewinnen auch in den USA Steuern zu bezahlen.

In der Folge beschleunigte sich der bereits vorher in Gang gekommene Rückzug von US-Unternehmen. Fast 300 der über 450 US-Unternehmen haben bis Ende 1988 ihre südafrikanischen Kapitalbeteiligungen aufgegeben. Zu ihnen gehören so bedeutende Gesellschaften wie Xerox Corporation, die IBM, die Coca Cola Company, die Ford Motor Company, die General Motors, die Citicorp und Eastman Kodak. Auch Unternehmen aus anderen Ländern haben sich aus dem Apartheid-System zurückgezogen: über 130 Firmen aus Grossbritannien, die Mehrzahl der kanadischen, australischen und skandinavischen Unternehmen. Aus der Schweiz waren es laut einer UNO-Studie nur fünf von bisher 35 Firmen. Einige der verbliebenen wie die Nestlé, die Everite und die Sprecher + Schuh haben allerdings ihre Position durch Akquisitionen weiter ausgebaut.

Rückzug aus Südafrika bis 1988

	Zahl der sich zurückgezogenen Unternehmen	in SA ver- blieben	Prozentanteil an den verblie- benen Firmen
Australien	22	8	1,4
Kanada	31	6	1,1
Frankreich	11	14	2,5
BRD	32	109	19,2
Niederlande, Norwegen, Schweden und Dänemark	24	17	3,0
Schweiz	5	30	5,3
Grossbritannien	132	225	39,7
USA	297	158	27,9
Total	554	567	100,0

Quelle: Financial Times, 5. 2. 90 / UN Economic and Social Council.

173

Statt Verhaltensregeln für die Multis (1986 haben sich noch über 180 US-Firmen zum Sullivan-Code bekannt) hiess es jetzt immer häufiger Sanktionen und Rückzug aus Südafrika: Im Sommer 1988 hielten nur noch 70 US-Unternehmen zum Sullivan-Code. Sanktionen gelten als letztes friedliches Mittel, um die Apartheid abzuschaffen. Oliver Tambo, der ANC-Vorsitzende, erhofft sich von Sanktionen und internationalem Druck, dass sie grösseres Blutvergiessen abwenden könnten, indem sie die Apartheid unpraktikabel machten. «Je höher der Preis für die Aufrechterhaltung des Apartheid-Systems wird, desto mehr von den weissen Südafrikanern werden begreifen, dass für Zeit der Veränderungen gekommen ist», führte er im Sommer 1986 an einem Treffen mit Wirtschaftsleuten aus. Sanktionen sollen also nicht, wie deren Gegner behaupten, den totalen Zusammenbruch der südafrikanischen Wirtschaft herbeiführen. Vielmehr sollen sie die Kosten für die Aufrechterhaltung des Systems erhöhen, den Ausbau des staatlichen Unterdrückungsapparats erschweren und damit den politisch und wirtschaftlich Mächtigen klarmachen, dass die Aufrechterhaltung der Apartheid auch ihren Interessen zuwiderläuft.

Auch die Arbeiter, die laut den Gegnern von Sanktionen am meisten unter dem Abbruch der Wirtschaftsbeziehungen leiden müssten, haben sich in den letzten Jahren wiederholt für Sanktionen ausgesprochen. Der grösste Gewerkschaftsbund Südafrikas, COSATU, hat an seinem zweiten Kongress im Juli 1987 einstimmig für umfassende und bindende Sanktionen votiert. Dieser Entscheid kam zustande, obschon man sich am COSATU-Kongress bewusst war, dass Sanktionen zu weiterer Arbeitslosigkeit und Unterbeschäftigung führen können.

Eine dem Kongress vorgelegene Studie rechnete mit zusätzlich zwei Millionen Arbeitslosen. Insbesondere die Metall- und Chemiearbeiter hätten wegen der internationalen Verflechtung ihrer Betriebe mit gravierenden Einbussen zu rechnen. Der Bericht hat allerdings auch darauf hingewiesen, dass die Arbeitsplätze für Schwarze bereits seit zehn Jahren nicht mehr zugenommen haben, als Sanktionen keine Rolle spielten. Und während der Wirtschaftskrise um Mitte der 80er Jahre hätten die Bergwerke, die verarbeitende Industrie, die Landwirtschaft und das Baugewerbe mehrere hunderttausend Arbeitsplätze abgebaut.

Die Gewerkschaften heissen indessen nicht jede beliebige Form von Sanktionen gut. Am Kongress von 1987 hat COSATU vielmehr kritisiert, dass die «organisierte Arbeiterklasse bisher keine Kontrolle über die Sanktionskampagnen gehabt» habe, weshalb die Hauptlast solcher Aktionen auf die Arbeiter abgewälzt worden sei. Und die dem COSATU angeschlossene Chemiearbeitergewerkschaft CWIU hat die Art des Rückzugs, wie ihn die meisten Unternehmen gewählt haben, als Täuschungsmanöver bezeichnet. Sie hätten ihre Niederlassung meist an südafrikanische Unternehmer oder an das lokale Management verkauft, zugleich mit den neuen Eigentümern Lizenzverträge geschlossen und technologische Zusammenarbeit vereinbart. Die Gewerkschaften hätten sie jedoch nicht in die Verhandlungen einbezogen und die Rechte der Belegschaften nicht garantiert. Nicht selten habe das neue Management den Belegschaften gegenüber eine härtere Haltung eingenommen oder gar ohne Rücksprache Arbeiter entlassen. Der Rückzug sei so auf Kosten der Arbeiter gegangen, während die abgezogenen Unternehmen weiterhin im Geschäft blieben, ohne selber die Risiken tragen zu müssen, und die neuen Eigentümer meist zu einem günstigen Preis ein Unternehmen erwerben konnten.

Die Gewerkschaften meinen jedoch, dass «die Last der Sanktionen so weit wie möglich dem Profit und dem Staat und nicht den Arbeitern aufzuhalsen sei». Denn nur dann könnten Sanktionen zur angestrebten Beseitigung des Apartheid-Systems beitragen. Um das zu erreichen, wollen die Gewerkschaften die Sanktionen mit konkreten Auflagen verknüpfen.

Die Chemiegewerkschaft und andere Branchenverbände fordern deshalb, dass die Unternehmen im Falle von Desinvestitionen mit ihnen verhandeln. Sie verlangen u. a. von den Firmen, dass sie die Gewerkschaften ein Jahr vor dem Rückzug umfassend informieren und mit ihnen über Abfindungssummen, Pensionsfondsregelungen usw. verhandeln. Auch müssten die Beweggründe für den Rückzug und die Beziehungen zwischen den alten und den neuen Eigentümern offengelegt werden. In diesem Falle verlangen die Gewerkschaften, dasss die Käufer die bisher geltenden Arbeitsbedingungen garantieren. Schliesslich erwarten die Gewerkschaften, dass mit dem durch den Verkauf erzielten Erlös ein von ihnen geschaffener Fonds gespiesen wird. Über diesen wollen sie Einsitz im obersten Gremium des Unternehmens nehmen, um ihren Einfluss geltend zu machen, damit der in Südafrika erarbeitete Reichtum allen zugute kommt. Diese differenzierte Sanktionenstrategie bleib zumindest in Einzelfällen nicht ohne Erfolg. Der Rückzug der Ford Motor Company ist ein Beispiel. Das Unternehmen, aus dem sich Ford zurückgezogen hat, hat 24 Prozent des Kapitals einem von der Gewerkschaft der Metallarbeiter NUMSA kontrollierten Treuhandfonds geschenkt. Die anderen 76 Prozent verkaufte Ford an südafrikanische Gesellschaften.

Im Aufsichtsrat des jetzt südafrikanisch beherrschten Unternehmens, mit dem Ford weiterhin Geschäftsbeziehungen unterhält, ist die Gewerkschaft mit drei Personen vertreten. Die ihr zustehenden Dividenden werden einem Treuhandfonds überwiesen, der damit soziale Einrichtungen in den Bereichen Gesundheit, Erziehung und Freizeit finanzieren wird. Auch legt die Rückzugsvereinbarung fest, dass das südafrikanische Unternehmen die Ausbildung seiner Belegschaft verbessern wird.

Die Chemiearbeitergewerkschaft CWIU hatte die ausländisch beherrschten Unternehmen ihrer Branche zu Verhandlungen über die Art der möglichen Desinvestitionen aufgefordert. Darauf wollten die Multis vorerst nicht eingehen. Nachdem die Gewerkschaft jedoch mit Streiks gedroht und vor Gericht Recht bekommen hatte, zeigten sich wenigstens zehn Unternehmen (darunter die Ciba-Geigy) verhandlungsbereit.

Unabhängig von diesen Auseinandersetzungen um arbeiterfreundliche Sanktionen lassen die Gewerkschaften aber keinen Zweifel daran, dass der effektivste Druck auf die südafrikanische Regierung über die Kreditbeziehungen ausgeübt werden kann. Nicht zufällig hatte der COSATU-Kongress 1987 vor allen anderen Sanktionsformen zuerst ein «Ende der Anleihen und Kredite an den südafrikanischen Staat, die südafrikanische Wirtschaft, an die Stadtverwaltungen und Bantustans» gefordert. Sie können sowohl kurzfristig als auch sehr gezielt ergriffen werden.

Seit die internationalen Banken kaum mehr bereit sind, Südafrika neue Kredite zu gewähren, sind denn auch die Lenker des Apartheid-Staates zusehends in Verlegenheit geraten. Der Spielraum für ein wirtschaftliches Wachstum wurde stark einge-

schränkt. Südafrika fällt es schwer, seine wirtschaftlichen Aussen-
beziehungen ausgeglichen zu gestalten, seit es kaum mehr Zugang
zu den ausländischen Kapitalmärkten hat. Der Lernprozess blieb
nicht aus. Die Wirtschaftskreise inn- und ausserhalb der Regierung haben begriffen, dass die Apartheid und ihre Absicherung
unter diesen Bedingungen immer weniger finanzierbar ist. Es fehlen die Mittel für das Militär und alle anderen Bereiche des Sicher-
heitsapparates, und es fehlen auch die Mittel für Sozial- und Bil-
dungsprogramme, um die unzufriedenen Schwarzen zu befrieden.

Mit der Unterstützung von Sanktionen distanzieren sich die
Gewerkschaften indessen nicht von jeglichen Verhaltenskodizes.
So war die südafrikanische Metallarbeitergewerkschaft NUMSA
bereit, auf die von der bundesdeutschen Gewerkschaft IG Metall
gemachten Vorschläge der «14 Mindeststandards für deutsche
Unternehmen» einzutreten. Sieben deutsche Unternehmen mit
Produktionsbetrieben in Südafrika haben ihnen Ende 1988 zuge-
stimmt und sich damit verpflichtet, auf die Wahrnehmung aller aus
dem Apartheidssystem sich ergebenden Vorteile zu verzichten,
die Notstands- und Sicherheitsgesetze nicht zu nutzen, das Streikrecht zu anerkennen, die Arbeitskonflikte statt vor rassistischen
Gerichten vor beidseitig akzeptierten Schiedskommissionen aus-
tragen zu lassen, die freie gewerkschaftliche Betätigung auf dem
Betriebsgelände zu gewähren und sich für die Weiterverbreitung
der Standards bei Zulieferern und Franchisenehmern einzusetzen. (Siehe auch «Gewerkschaft und Politik»)

Diese Mindeststandards stehen in der Tradition der früheren
Kodizes von Sullivan und der EG. Im Unterschied zu diesen wollen
sie jedoch gezielt die Aktionsfähigkeit der schwarzen Gewerkschaft schützen. Vor allem sind sie aber zusammen mit den südafrikanischen Gewerkschaften erarbeitet worden.

Auf dem Weg zur Post-Apartheid-Gesellschaft?

MARKUS MUGGLIN

Seit Frederik Willem de Klerk im Herbst 1989 definitiv Pieter Willem Botha als Präsident Südafrikas abgelöst hat, ist Bewegung ins politische Leben im Apartheid-Staat gekommen. Der neue Präsident liess wenige Wochen nach seiner Wahl mehrere führende Personen des schwarzen Widerstands frei, darunter Walter Sisulu, den engen Vertrauten Nelson Mandelas. Im Februar 1990 hat Frederik Willem de Klerk mehrere politische Organisationen wieder zugelassen – u. a. die während vielen Jahren verboten gewesenen Bewegungen ANC (Afrikanischer National-Kongress), PAC (Panafrikanischer Kongress) sowie die Kommunistische Partei Südafrikas. Gleichzeitig hatte er die Freilassung Nelson Mandelas, die Symbolfigur des schwarzafrikanischen Widerstandes angekündigt und dieses Versprechen am 11. Februar 1990 einge-·löst. Nach mehr als 27 Jahren Haft war Nelson Mandela wieder frei, und damit eröffnete sich nach langen Jahren erbitterten Kampfes erstmals die Chance, in Verhandlungen zwischen der Regierung und der Opposition eine Lösung zu finden.

Das will nicht heissen, dass de Klerk bzw. die Weissen ihre Macht schon bald der Mehrheit abtreten werden. Auch setzt sich der neue Präsident keineswegs grundsätzlich von den Überzeugungen seiner Vorgänger aus der Nationalen Partei ab. Doch de Klerk ist kein Mann der Militärs und der von ihnen getragenen «totalen Strategie», wie es Botha gewesen war. Er ist vielmehr ein Politiker, der um die Misserfolge der von seinem Vorgänger verfolgten Strategie weiss. Sie brachte weder die Integration der städtischen Schwarzen noch verhinderte sie deren Politisierung und Radikalisierung. Auch konnten die Militärs ihre Vormacht in der ganzen Region des Südlichen Afrika selbst mit gewaltigem Aufwand nicht so gut absichern, wie sie es sich erhofft hatten.

Doch de Klerk und seine neue Regierung wollen nach wie vor nichts vom Prinzip «ein Mensch, eine Stimme» wissen. Wie die früheren Regierungen tritt auch die neue Equipe für Gruppenrechte ein, auf denen die südafrikanische Gesellschaft aufgebaut werden soll. Das hält ein im Juni 1989 von der Nationalen

Partei verabschiedeter «Aktionsplan für die kommenden fünf Jahre» fest. Dieser «Fünfjahresplan» skizziert auch die Zugeständnisse, welche die Regierungspartei bereit ist zu machen. So will sie Verstösse gegen das «Group Areas Act» (das Gesetz über getrennte Wohngebiete) entkriminalisieren, den Schutz von Menschenrechten in der Verfassung garantieren sowie eine «offene Gruppe» zulassen, d. h. eine Gruppe, der sich Südafrikanerinnen und Südafrikaner unabhängig von ihren rassischen oder ethnischen Merkmalen anschliessen können. Nicht aufheben will sie jedoch das Gesetz über getrennte Wohngebiete.

Damit bleiben nach wie vor grosse Differenzen gegenüber den von der Anti-Apartheid-Opposition vertretenen Positionen. Diese treten für ein allgemeines und gleiches Wahlrecht für alle Südafrikanerinnen und Südafrikaner ein – also für das Prinzip «ein Mensch, eine Stimme». In der Tradition der im Juni 1955 verabschiedeten «Freiheitscharta» lehnen sie den Aufbau Südafrikas nach rassischer Zugehörigkeit ab.

Im Frühjahr 1988 hat zudem der ANC «Leitlinien für die Verfassung eines demokratischen Südafrika» präsentiert, die neben dem Prinzip «ein Mensch, eine Stimme» einen Grundrechtekatalog vorschlägt. Dieser soll die grundlegenden Menschenrechte für alle Südafrikaner und damit den Schutz der Minderheiten garantieren.

Trotz dieser grundlegenden Unterschiede zeigen sich sowohl die Regierung als auch die Opposition interessiert, miteinander zu verhandeln. Vom Gefängnis aus hat Nelson Mandela die Initiative dazu ergriffen, indem er sich 1989 brieflich an den damaligen Präsidenten Pieter W. Botha gewandt hatte. Innenpolitische Zustände nannte er als Motiv seines Briefes: «Der Bürgerkrieg und der Ruin, in den das Land langsam hineinrutscht.» Auch die Regierung hat eingesehen, dass sie neue Wege beschreiten muss, wenn sie verhindern will, dass sich die Krise im Land weiter verschärft.

Diese Krise drückt sich ebenso in politischer Polarisierung und gewaltsamen Spannungen, wie auch in wachsender sozialer Kluft und zunehmenden wirtschaftlichen Schwierigkeiten aus. Insbesondere die wirtschaftlichen Probleme haben es der weissen Führung klargemacht, dass erst grundlegende Reformen und Verhandlungsbereitschaft aus der Sackgasse führen können.

Denn Südafrika droht offensichtlich der Rückfall von einem Schwellenland in eine typische afrikanische Entwicklungsgesellschaft. Seine Wirtschaft ist in den 80er Jahren nur noch um knapp anderthalb Prozent gewachsen, nachdem in den 60er Jahren das Wachstum durchschnittlich fast sieben Prozent und in den 70 Jahren immerhin noch über drei Prozent betragen hatte. Bei einem Bevölkerungswachstum von 2,4 Prozent bedeutet es, dass die Einkommen pro Kopf schrumpfen. Immer mehr Menschen verarmen. Die Zahl der Arbeitslosen nimmt stetig zu. Von 1970 bis 1985 ist die Arbeitslosenquote von 27 auf 37 Prozent angestiegen, bevor sich unter dem Einfluss wirtschaftlicher Sanktionen des Auslandes diese Entwicklung weiter verschärft hat.

Wie die meisten anderen Entwicklungsländer ist auch Südafrika zu einem Nettokapitalexporteur geworden, nachdem ihm bis Mitte der 80er Jahre regelmässig mehr Gelder zugeflossen sind, als gleichzeitig ausser Landes geschafft wurden. Die ausländischen Banken sind nicht länger bereit, dem Land ausgiebig Kredite zu gewähren. Sie fordern vielmehr fällig werdende Mittel zurück. Gleichzeitig haben viele ausländische Unternehmen ihr Kapital aus dem Land abgezogen. Dazu kamen legale und illegale Transfers von Dividenden und Kapital ins Ausland.

Diese Krisentendenz der südafrikanischen Wirtschaft hat sich zweifellos wegen den Sanktionen des Auslandes seit Mitte der 80er Jahre weiter akzentuiert. Denn die Banken halten sich in ihrer Kreditpolitik nicht nur wegen den allmählich höher eingeschätzten Risiken in Südafrika zurück, sondern auch wegen dem stärker gewordenen Druck, dem sie sich in ihren Ländern, insbesondere in den USA, ausgesetzt sehen. Ebenso hängt der Rückzug ausländischer Konzerne mit der Auseinandersetzung um Sanktionen, wenn auch nicht ausschliesslich, zusammen.

Die Krise ist jedoch vor allem die Folge des von Südafrika betriebenen «Afrikaaner-Sozialismus», einem irreführenden südafrikanischen Begriff für die Vorherrschaft der Weissen. Dieser privilegiert die weisse Minderheit, bietet ihren Angehörigen zahlreiche Begünstigungen und Dienstleistungen an, die das Land teuer zu stehen kommen. So wird geschätzt, dass der Staatshaushalt zur Hälfte Strukturen und Institutionen finanziert, die das Apartheid-System stützen. Die Homeland-Bürokratien hängen ebenso davon ab wie auch die Apartheid-Bürokratie des weissen Regimes. Dazu gehört auch der überdimensionierte Sicherheitsapparat, der die breite Opposition im Land unterdrückt. Südafrika leistet sich des weitern eine teure Agrarpolitik. Ähnlich wie die EG subventioniert das Land eine Überschussproduktion und befriedigt damit einen Teil der Machtbasis. Schliesslich blockieren die aus rassischen Gründen bestehenden Reglementierungen die wirtschaftliche Dynamik. Die Mobilität der Arbeitskräfte ist administrativ eingeschränkt, die wirtschaftlichen Antriebskräfte werden in Fesseln gelegt.

Die politische Führung der weissen Minderheit ist sich in den letzten Jahren dieser Probleme bewusst geworden. Und sie weiss, dass ihr Apartheid-System nur zum Preis einer sich weiter zuspitzenden Krise aufrechterhalten werden kann. Die mit den Wirtschaftsressorts betrauten Leute waren die ersten innerhalb der Nationalen Partei, die das eingesehen und deshalb politische Reformen gefordert haben.

Im Mai 1989 erklärte Gerhard de Kock, der damalige Gouverneur der südafrikanischen Zentralbank: «Politische und verfassungsrechtliche Reformen sind Vorbedingungen für optimales Realwachstum, für eine tiefe Inflationsrate, eine ausgeglichene Zahlungsbilanz, eine starke Währung, ja, generell für ökonomische Prosperität und einen steigenden Lebensstandard.» Ähnlich geäussert hat sich schon verschiedentlich auch Finanzminister Barend du Plessis. Inzwischen lassen sich auch andere Kabinettsmitglieder so verlauten. Adriaan Vlok, Minister für «Gesetz und Ordnung», bezeichnete die Apartheid im Juli 1989 als «Albatros an unserem Hals». Denn der Regierung fehle inzwischen das Geld, um die bisherige Politik durchzusetzen.

Sparen heisst deshalb die oberste Devise südafrikanischer Budgetpolitik seit einiger Zeit. Staatliche Dienstleistungen, welche die Weissen begünstigt haben, werden in Frage gestellt. Löhne für öffentliche Bedienstete wurden plafoniert. Staatliche Unternehmen, denen das Apartheid-Regime eine strategische Rolle zuschrieb, werden zum Verkauf angeboten. Schliesslich kommt Südafrikas Regierung nicht mehr darum herum, die Ausgaben für Militär und andere Sicherheitsbelange zu beschneiden.

Mit dieser neuen Budgetpolitik will Südafrika zum einen der

Privatwirtschaft neue Möglichkeiten bieten und zum anderen dafür besorgt sein, dass der erwirtschaftete Reichtum besser auf die Menschen der verschiedenen ethnischen Zugehörigkeiten umverteilt wird. Gleichzeitig soll der Anti-Apartheid-Opposition unter Führung des ANC gezeigt werden, dass eine solche Form der Marktwirtschaft auf die Aspirationen der Schwarzen eingehen kann und deshalb deren Forderung nach weitreichenden Nationalisierungen und nach einer sozialistischen Umgestaltung der Wirtschaft obsolet werde.

Die Anti-Apartheid-Bewegungen und insbesondere die Gewerkschaften verfolgen die neue staatliche Wirtschaftspolitik mit einiger Skepsis. Die geplanten und zum Teil bereits durchgeführten Privatisierungen bislang staatlicher Unternehmen (Sasol, das in der Kohleverflüssigung tätige Unternehmen, der Stahlkonzern Iscor, das Elektrizitätsunternehmen Eskom usw.) kritisieren sie als billigen Ausverkauf nationalen Reichtums. Dagegen laufen sie Sturm und verleihen ihrer Kritik mit landesweiten Streiks Nachdruck.

Sie befürchten insbesondere, dass die weisse Minderheit den staatlichen Einfluss im Hinblick auf die Zeit nach der Apartheid-Herrschaft schwächen will. Eine künftige Mehrheitsregierung könnte dann weit weniger auf die wirtschaftliche und soziale Entwicklung einwirken, als es die Buren mit ihrem «Afrikaaner-Sozialismus» erreicht haben. Marktwirtschaftliche Reformen sind jetzt hoch im Kurs, weil sich die Weissen damit wenigstens die wirtschaftliche Vormacht in die Ära der «Nach-Apartheid» hinüberretten können.

Die schwarze Mehrheit strebt zwar keine den bis vor kurzem in Osteuropa praktizierten real-sozialistischen Modellen nachempfundene Wirtschaftsordnung an. Joe Slovo, Generalsekretär der Kommunistischen Partei Südafrikas, hat bereits im Herbst 1988 Hinweise dazu gemacht. Der Sozialismus könne nicht auf der Grundlage von Armut und wirtschaftlicher Zerrüttung aufgebaut werden, meinte Slovo und verwies dabei auf die schmerzlichen Erfahrungen vieler sozialistischer Länder. Erst gelte es, die wirtschaftlichen Grundlagen zu schaffen. Während dieser Zeit müsste man die aus der Vergangenheit geerbten Realitäten berücksichtigen.

Auch bei den Gewerkschaften scheint man von den herkömmlichen Sozialismus-Modellen nicht angetan zu sein. Alec Erwin von der Metallarbeitergewerkschaft hält dem in der Sowjetunion angewandten Kommandosystem zwar zugut, dass es besonders im Bereich der Beschäftigung Erfolge vorweisen könne. Doch dieses System sei nicht fähig, den Lebensstandard der Menschen zu heben und die Qualität der Produkte zu gewährleisten. Die Kommandostruktur der Planung verhindere zudem die demokratische Kontrolle über die Produktion.

Der ANC schliesst zwar Nationalisierungen nicht aus, doch mit seinem 1988 veröffentlichten Entwurf für eine Post-Apartheid-Verfassung hat er sich einem gemischten Wirtschaftssystem verschrieben. Neben einem staatlichen Sektor sollen auch private, genossenschaftliche und familiäre-kleinbetriebliche Sektoren Platz haben. Der Staat soll allerdings gewährleisten, dass die gesamte Volkswirtschaft den Interessen und dem Wohl der gesamten Bevölkerung dient.

Das erfordert indessen weitreichende Umstrukturierungen. Die Wirtschaft müsse die enorme Arbeitslosigkeit prioritär bekämpfen, was sich selbst mit einem weit höheren Wirtschaftswachstum als heute nicht realisieren liesse. Das bedeutet aber, dass marktwirtschaftliche Mechanismen allein das Problem nicht lösen können.

Doch auch mit der Präsidentschaft de Klerks geht es in Südafrika nicht nur um unterschiedliche Vorstellungen in politischen und wirtschaftlichen Belangen. Nach wie vor ist es ungewiss, ob Südafrika schon bald das Apartheid-System überwinden wird. Gespräche sind zwar in Gang gekommen. Doch jene Kräfte, die sich einem grundlegenden Wandel entgegenstemmen, sind noch nicht entscheidend geschwächt. Und es ist noch immer möglich, einen grundlegenden Wandel hinauszuzögern, trotz wirtschaftlichen Schwächezeichen. Und je länger das passiert, umso eher könnte das zu Zwietracht unter den verschiedenen oppositionellen Strömungen führen, was wiederum deren Stärke unterminieren könnte. Wenn aber Verhandlungen noch lange keine Lösung bringen werden, dürften sich die Spannungen wieder verschärfen, gewaltsame Auseinandersetzungen zunehmen.

Anhang

Register

In Südafrika tätige Schweizer Firmen

Zu den Autorinnen und Autoren

RENÉE ROUX, geboren 1958, abgeschlossenes Studium in Industrieller Soziologie an der Witwatersrand University. Arbeitete sieben Jahre in der COSATU-Gewerkschaft «Food and Allied Workers Union» FAWU (Lebensmittel-Branche) und ist heute in der Redaktion des «South African Labour Bulletin» in Johannesburg tätig.

LINDA STIBLER, geboren 1938, Publizistin und Journalistin, hat den Solifonds seit Bestehen publizistisch begleitet.

GINEVRA SIGNER-ALBISER, geboren 1946, Sekretärin und Erwachsenenbildnerin, Koordinatorin des Solifonds und massgeblich am Aufbau dieser Stiftung beteiligt.

BARBARA WEYERMANN, geboren 1960, Ökonomin und Journalistin, Co-Autorin von «Ganz oben – 125 Jahre Schweizerische Bankgesellschaft», 1988. Verfasserin der Broschüre «Die Financiers der weissen Herren», 1989.

MARKUS MUGGLIN, geboren 1947, Ökonom und Journalist. Spezialist auf Fragen der Dritten Welt, der Weltwirtschaft und des südlichen Afrika.

LUKAS VOGEL, geboren 1954, Historiker und Ethnologe mit einer Vorliebe für das südliche Afrika, Mitglied des Solifonds-Stiftungsrates.